JN004948

事業者必携

入門図解 最新

知っておきたい 金融商品取引法の法律知識

弁護士 森 公任　弁護士 森元みのり［監修］

三修社

本書に関するお問い合わせについて

　本書の内容に関するお問い合わせは、お手数ですが、小社あてに郵便・ファックス・メールでお願いします。お電話でのお問い合わせはお受けしておりません。内容によっては、ご質問をお受けしてから回答をご送付するまでに１週間から２週間程度を要する場合があります。

　なお、個別の案件についてのご相談や監修者紹介の可否については回答をさせていただくことができません。あらかじめご了承ください。

はじめに

本書は、「金融商品取引法」の基本的な内容について、初めての人でも理解できるように、かみくだいて説明した入門書です。

「金融商品取引法」は、投資家の保護を目的とした法律です。具体的には、投資家が適切に情報を入手できる環境を整備し、金融商品の市場価格への人為的な操作を防ぐために、企業が保有する情報の開示や金融商品取引業を行う者への規制、金融商品取引所の運営などを定めています。

金融商品取引法は、時代の変化にあわせて何度も改正されており、令和５年にも改正（令和６年４月１日施行）されています。本書では、顧客本位の業務運営の確保・金融リテラシーの向上に関する改正、四半期報告書の廃止や半期報告書・臨時報告書の公衆縦覧期間の延長といった企業開示に関する改正などの令和５年改正点についても説明しています。

本書の内容として、第１章「金融商品取引法の基本」では、金融商品の種類や金融商品市場などを説明しています。第２章「有価証券取引の知識」では、有価証券の内容やデリバティブ取引規制などを説明しています。第３章「開示規制の知識」では、さまざまな開示制度などを説明しています。第４章「金融商品取引業と規制」では、金融商品取引業の区分や業務の内容、登録、その他の禁止行為などを説明しています。第５章「公開買付制度の知識」では、公開買付（TOB）の意義や公開買付に関する規制などを説明しています。第６章「不公正な取引と規制」では、インサイダー取引規制などを説明しています。第７章「金融商品取引法の理解に不可欠な法律や制度」では、株式公開（上場）や自己株式などを説明しています。

本書が金融商品取引法の基本的なしくみを正しく理解するための手助けになれば幸いです。

監修者　弁護士　森　公任
弁護士　森元　みのり

Contents

巻末資料 金融商品取引法に基づく開示書類の様式

Q & A

第１章

金融商品取引法の基本

1 金融商品取引法とはどのような法律なのか

国民経済の健全な発展や投資家の保護を目的とする法律である

◉ どんな法律なのか

金融商品取引法は、企業が保有する情報の開示や、金融商品取引業を行う者への規制、金融商品取引所の運営などについて定めています。これにより、有価証券や金融商品の取引の公正さや適切な価格形成を図ることをめざしています。そして、国民経済の健全な発展や投資家の保護を最終的な目的としています。

このように、金融商品取引法は、投資家の保護を目的としていますが、「投資家の保護」とは、確実に投資家が利益を得られるようにすることを意味しているわけではありません。株式（19ページ）や社債（216ページ）を購入した後に企業の経済状態が悪化して投資家が不利益を受けたとしても、それは投資家が負うべきリスクだと考えられています。

「投資家の保護」とは、事実を知らされないことで投資家が不利益を受けることや、不公正な取引によって投資家が不利益を受けることを意味しています。投資家が適切に情報を入手できる環境を整備し、金融商品の市場価格への人為的な操作を防ぐことが金融商品取引法の役割だといえます。

たとえば、金融商品取引法は、有価証券の発行者に対して、企業の経営状態や財政状態の情報や発行する株式の数などの証券情報を公開することを義務付けています。また、金融商品の仲介者が投資商品を投資家に販売・勧誘する際に、投資家が誤解するような表示を行うことを禁止しています（風説《ふうせつ》の流布《るふ》などの禁止）。投資家の判断に役立つように、仲介者には投資家に取引の内容を示した書面を交付することも義務付けられています。

◉ 金融商品取引法が制定された背景

金融商品取引法は、証券取引法などの内容を引き継いで、平成18年（2006年）に成立し、平成19年（2007年）に施行された法律です。金融商品については、証券取引法など個々の法律に基づいた縦割り規制が行われていましたが、金融商品全般に対する横断的な規制の必要性から、金融商品取引法が証券取引法の改正という形で成立しました。

金融商品取引法は、横断的な規制の観点から、証券取引法の他にも「金融先物取引法」「有価証券に係る投資顧問業の規制等に関する法律」「抵当証券業の規制等に関する法律」「外国証券業者に関する法律」の４つの法律を取り込んで成立しています。そのため、金融商品取引法の施行に伴い、これら４つの法律は廃止されています。

◉ 証券取引法との違いは

証券取引法は、金融商品取引法の前身となる法律です。証券取引法も金融商品取引法と同じように、投資家の保護を目的とした法

■ 金融商品取引法とは

国民経済の健全な発展 ＋ 投資家の保護

企業情報の開示制度の整備	金融商品取引業者に対する規制	金融商品取引所の適切な運営

▼

有価証券や金融商品の公正な取引	有価証券の円滑な流通	金融商品の公正な価格形成

律で、昭和23年（1948年）に制定されました。金融商品取引法に名称が変わるまで、証券取引法は何度も改正が繰り返されていました。

平成16年（2004年）以降の主要な法改正として、証券仲介業制度（証券仲介業は「金融商品仲介業」に名称を変更しています）の創設や、課徴金制度の導入が挙げられます。証券仲介業制度については、その創設によって、銀行や個人などが証券仲介業務を行うことができるようになりました。

証券取引法によって規定されていた多くの事項は、金融商品取引法に引き継がれています。

◉ 金融商品取引法は３種類の規制で成り立っている

金融商品取引法は、主として、①情報公開、②禁止行為、③仲介者の役割と義務という３種類の規制によって成り立っています。①情報公開とは、企業が保有している情報を公開することです。②禁止行為とは、株式の取引や価格の形成の中で不正な行為とし、禁止されている行為のことです。③仲介者の役割と義務とは、金融商品取引業者が負うべき義務のことです。

金融商品取引法の条文は多岐に渡りますが、基本的には以上の３種類の規制に分類できます。

■ 金融商品取引法の３種類の規制 ……………………………………

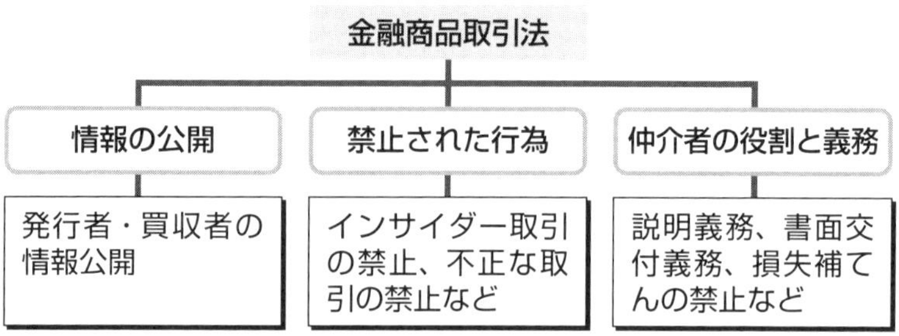

2 金融商品市場はどのようになっているのか

企業は投資家から資金を集めている

◉ 金融商品市場には企業、投資家、証券会社が存在する

企業は商品やサービスを提供するために市場での活動を行います。企業が市場での活動を行う際には資金が必要です。従業員の雇用や原材料の購入、研究開発などは資金がなければ行うことができません。

企業は、市場での活動を行うために何らかの方法で資金を調達する必要がありますが、まず企業が目をつけるのが企業内部で蓄積した資金です（内部資金と呼ばれています）。企業は、市場での活動を行うことで利益を蓄積しています。その利益を利用すれば資金を確保することが可能になります。

しかし、企業が活動するための資金が企業内部の利益の蓄積だけで足りるとは限りません。その場合には、企業外部から資金を調達する必要があります（外部資金と呼ばれています）。

企業が外部から資金を調達しようとする場合、まずは銀行（金融機関）から貸付けを受けることができるかどうかを検討します。銀行は、預金者から資金を集めて、その資金を企業に貸し付けます。銀行はどの企業に貸し付けるかの審査・選定を行います。そして、貸し付けた企業から受け取る利息と、預金者に支払う利息の差額分が銀行の利益になります。このように、銀行を媒介として企業が資金の提供を受けることを**間接金融**といいます。

さらに、企業は、投資家に株式や社債を直接提供することで、資金を調達することもできます。投資家は企業の株式や社債を取得し、企業は投資家から資金の提供を受けます。このように、企

業が投資家から資金を直接調達することを**直接金融**といいます。

企業の事業活動が成功すれば、企業は利益を手に入れることができます。しかし、企業の事業活動が常に成功するとは限りません。事業活動が失敗すれば企業は損失を被ります。

間接金融の場合は、「企業が借り入れた資金を返済することができない可能性」というリスクを銀行が負担します。銀行が企業から返済を受けることができないとしても、預金者が影響を受けることはありません。これに対して直接金融の場合は、投資家自身が「出資した資金の返済を受けられない」というリスクを負います。企業が借り入れた資金を返済することができなくなった場合、投資家自身が損失を被ることになります。

そのため、投資家が企業に資金を提供する場合には、資金提供先の企業が健全であるかどうかの調査・分析が必要になります。しかし、とりわけ一般投資家は、銀行と比べて情報収集力や情報分析能力が低いといえます。そこで、金融商品取引法は企業に情報の開示を義務付けています（29ページ）。

◉ 金融商品市場への参加者

株式や社債などの有価証券が取引される市場に参加する者は、大きく「発行者」「仲介者」「投資家」の３つに分類できます。

発行者とは、資金調達を目的として、投資家に取得させる（販売する）ため、新規に有価証券を発行する者（会社など）のことです。

仲介者とは、発行者が発行した有価証券を投資家に取得させる場合や、投資家が別の投資家に有価証券を売却する場合に、当事者の間に立って取引を成立させる者（主として証券会社）のことです。金融商品取引業者は仲介者に該当します。

投資家とは、有価証券を取得したり、ファンド（資金を集めて投資を行うしくみのこと）に出資する者のことで、特定投資家と一般投資家に分類されます（121ページ）。

◉ 株式会社は証券会社を通じて資金調達をする

株式会社が株式や社債を発行して投資家から資金調達をする場合、どの程度の株式や社債を発行すればよいのでしょうか。大量に株式や社債を発行しても、売れ残り（投資家の手に渡らない株式や社債）が生じてしまうと、目標としていた資金調達額に到達しません。

そこで、株式会社が大量の株式や社債を発行して資金調達をする場合、その株式や社債を証券会社に引き受けてもらう方式をとることができます（アンダーライティング）。この方式による場合、証券会社は、自社の販売網を活用して、株式会社から引き受けた株式や社債を投資家に売却し、売れ残りは証券会社の責任で引き取ります（売れ残りリスクを負担）。そのため、株式会社は株式や社債を証券会社に引き受けてもらうことで、確実に目標としていた資金調達額を得ることができます。

◉ 金融商品と株式会社や投資家との関係は

投資家は、株式会社から株式や社債といった金融商品を購入する際、自らが保有する株式や社債を売却することで資金を調達す

■「発行者」「仲介者」「投資家」

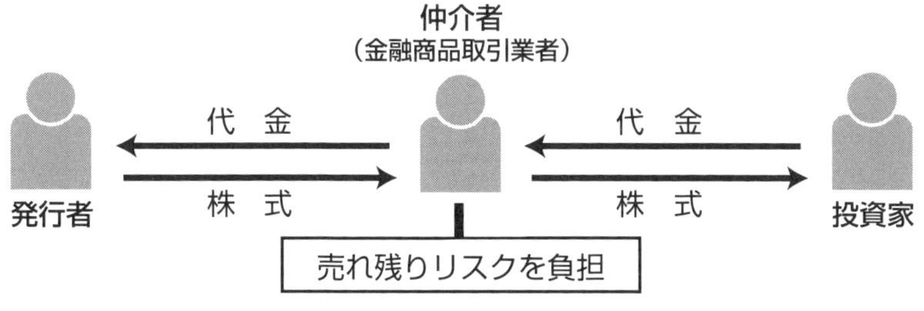

ることができます。しかし、株式や社債を元の会社に売却するのは、会社法上の制限があり（自己株式取得の制限など）、実現は難しいといえます。

そこで、投資家は、市場の中で株式や社債を売却して、金融商品の購入資金を調達します。市場の中で幅広く株式や社債を購入する者を募ることで、容易に株式や社債の売却が可能になります。

◉ 株式会社の活動と資金との関係はどうなっている

前述したように、株式会社が事業活動を行うためには資金が必要です。そのためには、市場から資金を調達する必要があります。

企業が市場から資金を調達する方法としては、株式の発行や社債の発行などがあります。これらを証券会社や投資家に購入してもらうことで、企業は資金を調達することができます。

◉ 株式の発行と市場での流通の関係はどうなっている

株式会社が株式を投資家に発行する場合には、企業は新たな資金を調達できるのに対して、投資家同士で株式の売買がなされる場合には、企業に資金が入ってきません。しかし、投資家同士の株式の売買は、企業による株式発行価格と密接に関係しています。

通常、株式は「時価」で発行されます。**時価**とは、株式の流通市場における価格のことです。投資家は、時価よりも高い価格で、企業から株式を購入することはありません。一方、時価よりも低い価格で株式を販売すること（有利発行）は可能ですが、その場合は株主総会の特別決議を経る必要があります。

このように、時価以外の価格で株式を販売しようとすると、何らかのデメリットが生じます。そのため、企業は、投資家の間で流通している株式の取引価格を参考にして、株式発行価格を設定します。

3 金融商品とは何か

金融商品には様々なリスクがある

◉ 金融商品とは

金融商品取引法における**金融商品**とは、有価証券、預金契約に基づく権利（預金債権）、通貨、商品先物取引法上の商品などを指します。なお、金融商品取引法における「有価証券」は、同法の前身である証券取引法における「有価証券」よりも広い概念で、株式や社債の他、様々な金融商品を含みます（40ページ）。

◉ すべての金融商品が金融商品取引法の適用を受けるわけではない

金融商品取引法は、金融商品のうち、大きく分けて、有価証券とデリバティブ取引の２つに適用されます。

金融商品取引法は、投資家が金融商品の勧誘を受ける際、リスクの存在を知らされず、被害を受けてしまうことを防ぐために制定された法律です。そのため、すべての金融商品が金融商品取引法の適用を受けるようにも思えますが、実際にはそうではありません。たとえば、投資性のない預金や保険商品については、銀行法や保険業法による規制によって預金者や保険契約者の保護が行われていることから、金融商品取引法の適用対象とはされていません。

また、不動産投資ファンドには、不動産特定共同事業法が適用されるものと、金融商品取引法が適用されるものがあります。

◉ 金融商品のリスク

金融商品には、①価格変動リスク、②金利変動リスク、③為替変動リスク、④流動性リスク、⑤信用リスク、という５種類のリスクがあるといわれています。

①価格変動リスクとは、市場において有価証券の価格が変化し、投資家が損害を受けるリスクのことです。有価証券の市場価格が、投資家が当初購入した金額から下落すると、投資家は損失を受けることになります。

金利の変動に対しても、投資家は、②金利変動リスクを負います。たとえば、固定金利の金融商品を購入した後に金利が上昇した場合は、固定金利型の金融商品を買わない方がよかった（変動金利型の方が多くの金利を得られたはずであった）ことになります。逆に、変動金利型の金融商品を購入した後に金利が下がった場合には、固定金利型の金融商品を買っておいた方がよかったということになります。

外国の債権や外国の通貨を購入する際、投資家は③為替変動リスクを負担します。たとえば、１ドルが110円の時点で110万円の資金を外貨預金に預け入れた後、１ドルが100円になった場合、これを円に換えても100万円にしかならないため、投資家は10万円分の損失を受けることになります。

また、④流動性リスクとは、有価証券を市場で容易に金銭に換えられなくなるリスクのことをいいます。たとえば、格付の低い有価証券は買い手が少ないので、市場における流動性が低くなります。有価証券の流動性が低ければ、投資家が希望する時期に有価証券を売りさばくことができなくなる可能性があります。

最後に、有価証券を購入するために支出した資金を市場で回収できなくなるリスクのことを、⑤信用リスクといいます。たとえば、有価証券を発行している会社が破綻（倒産）した場合、破綻した会社の有価証券を購入していていた投資家は、その会社から資金の償還を受けることができず、損失を受けることになります。

4 金融商品取引法の適用対象である主な金融商品

有価証券とデリバティブ取引に金融商品取引法が適用される

◉ 株式

株式とは、株式会社が出資者に対して発行する有価証券のことです。株式を買い受けることで、投資家などの株式の取得者はその株式会社の株主の地位を取得し、企業経営に参加する権利や企業が生み出した利益を配当金（剰余金）として受け取る権利など、その株式に応じた権利を取得します。一方、企業が倒産した場合、株主は株式を買い受けるために出資した金額を限度として責任を負うだけであって、それ以上の責任を負いません。これを株主の有限責任といいます。

◉ 国債・地方債

国債とは、国が発行している債券のことです。投資家が国債を購入すれば、国が投資家に対して借金をしたことになります。国債の中には、機関投資家（投資家から拠出された資金を運用・管理する企業のこと）向けの国債の他に、個人向け国債があります。

地方債とは、地方公共団体が発行している債券のことです。

◉ 社債

社債とは、企業が投資家から資金を借り入れる際に発行する有価証券のことです。社債の中には、転売先が制限されているものもあります。社債を発行するための基準は徐々に緩和されており、中小企業が社債を発行するケースが増えてきています。

投資家が社債を購入する際には、信用リスク、流動性リスク、価格変動リスク、金利変動リスクを負います（18ページ）。

一方、社債を購入することにより得られるリターンには、利息収入と償還差益の２種類があります。利息収入とは、社債を購入する際に定められる利率に基づき支払われる金銭のことです。償還差益とは、償還時に受け取った社債の額面金額と、社債を購入する際に支払った購入金額との差額のことです。

◉ 投資信託

投資信託とは、受益証券を発行して投資家から集めた資金を運用し、その成果を受益証券の価値に反映させて投資者に分配するしくみのことです。具体的には、多数の投資家から資金を集めてファンドを作り、投資機関がファンドマネジャーを通じてファンドの運用を行い、運用は投資家の利益のために行われ、利益や損失は運用実績に応じて投資家に分配されるというしくみになっています。

個人の投資家にとって投資信託には、①小口の資金で投資ができる、②個人の出資したファンドを専門家（ファンドマネジャー）が運用してくれる、③多様なファンドを選択できる、などのメリットがあります。投資信託におけるリスクとリターンは、投資の対象や組入れの割合によって大きく変わってきます。そのため、投資信託の販売時には、投資家に対して投資のリスクを説明する必要があります。

◉ 不動産投資信託（REIT）

不動産投資信託（REIT）とは、投資家から集めた資金をもとにして不動産を運用する投資信託です。具体的には、不動産投資の専門家が資金を集めて、オフィスビル・商業施設などの不動産に分散して投資を行い、そこから得られる賃料収入や売却益を投資家に分配する金融商品です。

不動産投資信託には、安定した利回り、流動性・換金性の高さといったメリットがあります。不動産の賃料収入として、定期的に一定額の金銭が得られるので、安定した配当が行われます。取引所に上場することで、容易に売買ができるようになります。

一方、不動産投資信託にはリスクもあります。不動産投資信託の価格は、不動産の評価額の変動や運用の成果によって、大きく変動する可能性があります。また、不動産投資信託の分配金は、不動産の賃料収入によって変動します。

■ 金融商品取引法が適用される主な金融商品 ……………………

株式	株式会社が出資者に対して発行する有価証券
国債・地方債	国・地方公共団体が発行する債券
社債	企業が資金を借り入れる際に発行する有価証券
投資信託	投資家から集めた資金を運用し成果を分配するしくみ
抵当証券	不動産を担保とした貸付債権を証券にして販売する有価証券
信託受益権	信託財産の管理や運用などの成果を受ける権利を表した有価証券
デリバティブ取引	デリバティブ（現物取引の市場と連動して価格が変動する金融派生商品）を対象とした取引
差金決済取引	レバレッジを利用して、株式指数や商品先物市場に投資する取引
FX 取引	為替レートを参照に通貨を売買して為替差益を得る取引
暗号資産（仮想通貨）	証拠金を差し入れて暗号資産（仮想通貨）を売買するデリバティブ取引

◉ 抵当証券

抵当証券とは、不動産を担保としている貸付債権を証券にして販売する有価証券のことです。

不動産を担保にした債権（抵当権付き貸付債権）を抵当証券会社が法務局に登記申請を行い、法務局が「抵当証券」という有価証券を発行します。抵当証券の発行を受けた抵当証券会社は、抵当証券の原券を抵当証券保管機構に預けます。抵当証券保管機構は、原券を預かると保管証を発行します。その後、抵当証券会社は抵当証券を投資家に販売します。抵当証券を購入した者は、抵当証券保管機構が発行する保管証と、抵当証券会社が発行する取引証を受け取ります。抵当証券会社は、債務者からの返済金の中から、抵当証券の購入者に元利金を支払います。

◉ 信託受益権

信託受益権とは、信託財産の管理や運用などの成果を受ける権利を表した有価証券のことです。

信託（自分の資産を信頼できる人に預けて管理・運用してもらうこと）には、資産から発生する利益を受け取る権利（信託受益権）を金融商品にする機能があります。信託受益権は受益証書という有価証券になって投資家に販売されます。信託を利用することで、様々な資産から発生する利益を受け取る権利を証券化することができます。受益証書を購入した投資家は、資産の運用が成功した場合には、その利益の配当を得ることができます。

◉ デリバティブ取引

デリバティブ取引とは、株式・債券・通貨といった商品の現物取引から派生したデリバティブ（現物取引の市場と連動して価格が変動する金融派生商品）を対象とした取引のことです。デリバティブ取引の例として、先物取引、オプション取引、スワップ取引などがあります。

デリバティブ取引は、現物取引よりも少ない投資金額で大きな取引ができるハイリスク・ハイリターンな商品です。

◉ 差金決済取引（差金取引）

差金決済取引（差金取引）とは、金融商品取引業者に証拠金を支払い、レバレッジを利用して、株式指数や商品先物市場に投資する取引のことをいい、デリバティブ取引に含まれます。

投資の対象になる原資産は、株式、債券、株価指数、外国為替、商品など多岐にわたります。後述するＦＸ取引は、外国為替による差金決済取引に含まれます。

差金決済取引は、証拠金（担保にするお金のこと）を使って、少ない元手で大きな額の取引ができることと、投資家が金融商品取引業者と直接に取引を行う（相対取引）のが特徴です。通常の金融商品取引では、取引所が注文を取り次ぎますが、差金決済取引は市場を介さずに取引が行われます。

差金決済取引における証拠金の種類には、最低証拠金、必要証拠金などがあります。最低証拠金とは、差金決済取引をする上で最低限必要な証拠金のことです。証拠金額が最低証拠金額を下回ると、一切の差金決済取引ができなくなります。一方、必要証拠金とは、発注時の注文金額に対して必要になる証拠金のことです。たとえば、「10万ドルの外貨の購入に対しては、10万円の証拠金が必要となる」というように決められています。必要証拠金額が不足していると、注文が無効になります。

◉ ＦＸ取引（外国為替証拠金取引）

ＦＸ取引（外国為替証拠金取引）とは、為替レートを見ながら通貨を売買して、為替差益（利益）を得る取引です。たとえば、１ドルが100円の時に10000円使って100ドルを購入しておき、１ドルが110円になったときにその100ドルで円を購入すれば11000円を得ることができ、差し引き1000円の利益を得ることができます。

ＦＸ取引では、証拠金として預け入れた資金を超える通貨の購入が可能です。証拠金によってどれだけの通貨の購入ができるかは、レバレッジ（自己資金より大きな金額を動かすこと）によって決まります。たとえば、レバレッジが10倍の場合、100万円の証拠金によって1000万円分の外貨を購入することができます。

このように、大きな金額の取引ができるので、為替変動による損益も大きくなり、ハイリスク・ハイリターンの商品だといえます。

◉ 暗号資産（仮想通貨）

「暗号資産」とは、一般的に「仮想通貨」と呼ばれているもののことを指します。日本国内の暗号資産の取引の約８割を占める証拠金取引（証拠金を差し入れて暗号資産を売買するデリバティブ取引）については、これまで法令による規制の対象とされていませんでした。また、暗号資産の有用性に関してはまだ評価が定まっていないこと、現時点では暗号資産はもっぱら投機を助長しているという指摘がされていること等から、令和元年（2019年）金融商品取引法が改正され、暗号資産を原資産とするデリバティブ取引を金融商品取引法の規制対象に追加されました（令和２年５月から施行）。

5

金融商品取引法の適用対象ではない主な金融商品

投資性のない預金や保険商品などは金融商品取引法が適用されない

◉ どんなものがあるのか

金融商品取引法の金融商品には、預金、外貨預金、個人年金保険、損害保険、共済、信託関連商品、商品先物取引、不動産特定共同事業法に基づく不動産ファンドがあります。これらを順に説明していきます。

◉ 預金（貯金）

預金（ゆうちょ銀行などでは「貯金」と呼んでいる）は、銀行、信用金庫、信用組合など、銀行法・信用金庫法などの法律で規制を受けている金融機関のみが扱うことができます。預金には、いくつかの種類があります。普通預金は、預けたお金をすぐ引き出すことができる預金です。定期預金は、預けた期間に応じて金利が決まります。当座預金は、企業が資金決済のために使うもので、金利はつきません。

特に定期預金は、銀行が預入期間を決める代わりに、通常よりも高い金利で預金できるのがメリットです。一方、定期預金は原則として中途解約ができません。銀行が中途解約に応じても、預金者が違約金を支払わなければならないケースもあります。

◉ 外貨預金

外貨預金とは、ドルやユーロなどの外貨建てで行う預金のことです。外貨預金の金利には、通貨の母国の金利水準が反映されます。通常は、円を外貨に換えて預金して、預金を引き出す際に外貨を円に換えることになります。

外貨での定期預金は、超低金利状態の日本の定期預金に比べて高金利で、確定金利です。確定金利は外貨としての金利です。預金による利益を入手する際には外貨から円に換える必要があり、その時点での為替レートによって手にする金額が変わってきます。

また、外貨預金を行う際には、円を外貨にする際に為替手数料がかかり、外貨を円に戻す際にも為替手数料がかかります。

さらに、金利は年利で表示されます。たとえば、年利12%の外貨預金を行ったとしても、3か月しか預金していなければ、3%分の利息しかつきません。

◉ 個人年金保険

老後の生活資金を補うための年金保険のことを**個人年金保険**といいます。公的年金とは別に、老後の生活資金を確保するための保険が個人年金保険です。必ずしも公的年金だけではゆとりのある老後の生活を送ることができるとは限らないので、公的年金を補完する手段として個人年金保険が活用されています。個人年金保険は特定保険契約として、保険業法などの規制を受けます。

個人年金保険には、定額個人年金保険と変額個人年金保険の2種類があります。定額個人年金保険とは、契約時の予定利率や積立利率が固定され、契約時に年金原資が確定する保険商品です。一方、変額個人年金保険とは、保険料を複数のファンドで運用し、その運用実績によって将来受け取る年金額が変動する保険商品です。

◉ 損害保険

偶然の事故によって生じた損害を補てんする保険を**損害保険**といいます。自動車保険、火災保険、傷害保険、地震保険などがあります。損害保険には、事故によって生じた損害を補償する機能、医療費や介護費を補う機能があります。掛け捨てが原則であり、保険業法や保険法などの規制を受けます。

◉ 共済

農業協同組合（農協）、消費生活協同組合（生協）といった非営利の団体が運営する保険として**共済**があります。共済とは、団体に属する組合員を対象として、一定の場合に共済金の支払い（保障・補償）を行うための制度です。

共済は、保険法、農業協同組合法、中小企業等協同組合法などの法律の規制を受けます。共済の特徴は、保険加入者（組合員の資格）を特定の地域・職域に限定している点です。大手の保険業者が運営している保険商品と比べれば、規模は小さいといえます。

◉ 信託関連商品

信託関連商品の代表例が貸付信託です。貸付信託とは、銀行が預金者から集めた資金を企業に貸し付けることで運用し、そこで生じた利益を預金者に支払う金融商品です。貸付信託の場合、通常は利息を6か月ごとに受け取りますが、収益満期受取型（ビッ

■ 金融商品取引法が適用されない主な金融商品 ……………………

預金（貯金）	定期預金であれば金利が高くなる
外貨預金	外貨を利用して預金を行う
個人年金保険	老後の資金を確保するための保険である
損害保険	偶然に生じた損害を補てんする保険である
共済	一定の場合に組合員へ共済金を支払う
信託関連商品	投資目的がなければ金商法は適用されない
商品先物取引	将来の取引を約束する
不動産ファンド	不動産特定共同事業法に基づく投資ファンドである

グ）は満期時に利息を一括して受け取ります。

貸付信託は投資目的にあたらない金融商品ですので、金融商品取引法の規制対象から除外され、貸付信託法などが適用されます。

◉ 商品先物取引

商品先物取引とは、将来の特定の日に、あらかじめ決めた価格で商品を売買することを、現在の時点で契約する取引のことです。商品先物取引の対象商品には、貴金属や穀物などがあります。

たとえば、米を３か月後に１キロ1000円で売却する契約をした場合には、３か月後に米の価格が１キロ900円に下落しても、商品先物取引では売値の１キロ1000円は確定しているので、相場の変動によるリスクを回避することができます。

商品先物取引は、投資家による投資という側面に加えて、商品調達や在庫調整といった産業インフラの商品市場という側面も有しています。そのため、商品先物取引法（商品取引所法から改称）が販売・勧誘に対する規制を行っています。たとえば、商品取引員による投資家への損失補てんの禁止が規定されています。ただし、商品取引員の違法行為等の「事故」によって投資家に損害が発生した場合は、原則として事前に主務大臣から事故確認を得ることを条件に、例外的に損失補てんをすることが許されます。

◉ 不動産ファンド

不動産ファンドの中には、不動産特定共同事業法が適用される不動産専門の投資ファンドがあります。同法に基づいて不動産の証券化を行う事業（不動産特定共同事業）については、原則として、金融庁長官および国土交通大臣の許可が必要です。また、事業者には宅地建物取引業の免許の保有が求められ、販売勧誘に対する説明義務や断定的な判断の禁止などの規制が行われています。

6 金融商品市場はどんなことを規制しているのか

情報を適切に開示する必要がある

◉ どんなルールになっているのか

金融商品取引法は、企業の情報開示、金融商品取引を扱う業者に対してする規制、金融商品取引所の規制について定めています。金融商品取引法の規制により、投資家の保護が図られているといえます。金融商品取引法が制定される前に「証券会社」と呼ばれていた企業は、金融商品取引法の施行に伴い、**金融商品取引業者**と呼ばれています。日常的には「証券会社」と呼ばれている会社も、法律上は金融商品取引業者といいます。

以下では、金融商品取引法により、どのような規制が行われているのかについて具体的に見ていきます。

◉ 情報の開示規制について

投資家は、どの企業に対しても自由に投資することができます。投資を行う際、投資家は投資先の企業が倒産することで損失を被る可能性というリスクを背負うことになります。投資家は、どの企業が利益を上げることができるのかを見極めて、投資先の企業を選択します。

しかし、企業の情報が適切に開示されていなければ、投資家は利益を上げることができる企業を見極めることができません。そのため、金融商品取引法によって、企業に対して、自らの事業の状況に関する情報や、発行される有価証券に関する情報を開示することを義務付けています。

金融商品取引法では、自らに都合の悪い情報についても開示することを企業に要求しています。企業が自主的に情報公開するだけでは、企業にとって都合の悪い情報は公開されません。投資を行う上で意味のある情報が投資家に提供されるように、金融商品取引法によって情報の開示規制（66ページ）に関する規定が置かれています。

たとえば、株式や社債を発行する際の情報開示や、投資家向けへの継続した情報提供（継続開示）などが必要です。

◉ 金融商品取引業者に対する規制

金融商品取引業者とは、市場において、発行者と投資者の仲介や投資者同士の仲介を行い、有価証券の売買やその媒介・取次、投資家に対する助言、投資家の資産の運用などを行う者のことをいいます。

投資家を保護するためには、金融商品取引業が健全に行われることが必要です。そのため、誰でも金融商品取引業を行うことができるわけではありません。金融商品取引法は、財務規制などの条件を満たして、内閣総理大臣の登録を受けた者だけが金融商品取引業者になることができると規定しています。

また、金融商品取引業者は、勧誘や販売に関して規制を受けます。一般投資家は、金融商品取引業者の助言や指導に強い影響を受ける立場にあるので、適正な助言・勧誘をしなければならないことを金融商品取引法は規定しています。

たとえば、金融商品取引業者は、一般投資家に書面を交付して商品の内容を説明することなどが義務付けられています。

◉ 金融商品取引所とは

金融商品取引所とは、金融取引市場を開設している金融商品会員制法人や株式会社のことです。

市場において有価証券の円滑な取引が行われることは、投資家の保護のために必要です。そのため、金融商品取引法では、金融商品取引所の設立や組織について規制を設けています。

◉ 不公正な行為の規制

金融商品取引法は、市場に対する信頼を失わせる不公正な行為を規制しています。具体的には、インサイダー取引、市場価格の人為的操作（相場操縦）、風説の流布・偽計取引などが禁止されています。

◉ 規制対象は有価証券とデリバティブ取引

金融商品取引法は「有価証券」と「デリバティブ取引」について規制しています。

有価証券を発行する際は、発行するということを開示する必要があります（発行開示）。また、有価証券を継続して販売する場合は、金融商品取引業者の登録を受けなければなりません。さらに、販売勧誘の方法も制限されており、インサイダー取引の禁止などが適用されます。

デリバティブ取引とは、商品の現物取引から派生した取引のことをいいます（22ページ）。デリバティブ取引には、開示規制などは適用されませんが、販売勧誘の方法などの規制は適用されます。

■ 法律上の金融商品取引業者

Q 金融商品取引法の規制を受ける業種について教えてください。外国の事業者も規制を受けるのでしょうか。

A ①上場会社、②ヘッジファンド（投資家から預かった資金を運用して収益を追求する組織のこと）など上場株式の売買を行う者、③証券会社、④登録金融機関などが金融商品取引法の規制を受けます。

このうち、③の証券会社は、第一種金融商品取引業登録または金融商品仲介業登録を行わなければなりません。また、銀行が投資信託の販売などを行う場合は、内閣総理大臣の登録を受けて、④の登録金融機関になることが必要です。

この他、外資系の証券会社も金融商品取引業登録が必要です。たとえば、投資家に対する投資運用の助言をビジネスとする場合は、金融商品取引業のうち「投資助言・代理業」の登録を行います。

●外国の事業者は規制を受けるのか

外国の事業者は、日本国内に拠点を有していなくても、日本国内にいる者を相手として取引を行う場合は、金融商品取引法の規制を受けるため、金融商品取引業登録を行わなければなりません。金融商品取引法は投資家の保護を目的とした法律ですが、投資家を保護するためには、外国の事業者に対しても金融商品取引法を適用することが必要だからです。

日本国外で有価証券に関わる業務を行い、日本で金融商品取引業登録を受けていない業者は、原則として、日本国内にいる者を相手として有価証券関連業に係る行為（金融商品取引法28条８項に掲げる業務のこと）を行うことはできません。ただし、日本国内に拠点を有しない外国の事業者が、金融商品取引業者（第一種金融商品取引業に限る）代理や媒介により、日本国内にいる者の注文を受けて、外国からその者を相手として有価証券関連業に係る行為をする場合などは、例外的に無登録でも可能です。

　また、外国で投資助言業務（108ページ）を行う者は、日本で金融商品取引業者登録を受けていなければ、原則として、日本国内にいる者を相手として投資に関する助言はできません。同じように、外国で投資運用業（108ページ）を行う者も、日本で金融商品取引業者登録を受けていなければ、日本国内にいる者を相手として投資運用サービスを提供することはできません。

　ただし、外国で投資助言業務を行う者も、外国で投資運用業を行う者も、相手が金融商品取引業者（投資運用業を行う者など）のみであれば、例外的に無登録で投資助言業務や投資運用サービスの提供ができます。

■ 海外の業者と金融商品取引法

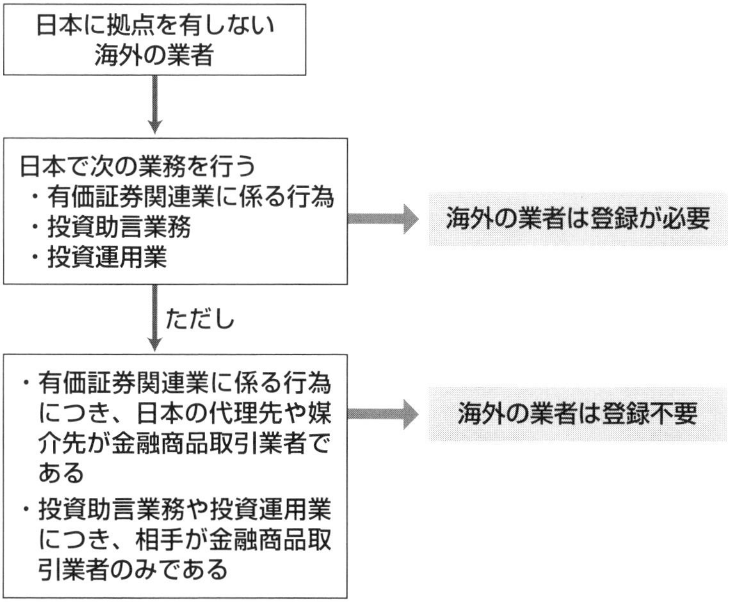

7 金融商品取引法の読み方

政令や内閣府令、ガイドラインも確認する必要がある

◉ 金融商品取引法はどんな構造になっているのか

金融商品取引法は第１章から第９章まであります。

第１章では、金融商品取引法が制定された目的や、各用語の定義が規定されています。

第２章から第２章の６では、情報開示の規制を定めています。たとえば、企業内容等の開示（第２章）においては、有価証券届出書や有価証券報告書などの提出が義務付けられており、提出された書面は公衆の縦覧に供されます。また、平成29年改正により、「重要情報の公表」（第２章の６）が追加され、上場会社における公平な情報開示に関する規制が整備されています。

第３章から第３章の４では、金融商品を取り扱う業者に対する規制を定めています。なお、平成29年改正により、「高速取引業者」（第３章の４）に対する規制が追加されています。

第４章から第５章の７では、金融商品取引業協会、投資者保護基金、金融商品取引所、外国金融商品取引所など、金融商品取引を行う場所や投資家の保護を図るための組織などについて定めています。

第６章では、インサイダー取引の禁止など、有価証券の取引等に関する規制を定めています。

第６章の２から第９章では、課徴金や罰則といった違反者に対する制裁に関する規定などが置かれています。

金融商品取引法には多数の条文が設けられており、どの条文を見ればよいのかがわからなくなるときがありますが、そのときは各章でどのような事項が規定されているのかを把握することが重要です。

■ 金融商品取引法のしくみ

総　則

第１章　総則

情報開示の規制について

第２章　企業内容等の開示
第２章の２　公開買付けに関する開示
第２章の３　株券等の大量保有の状況に関する開示
第２章の４　開示用電子情報処理組織による手続の特例等
第２章の５　特定証券情報等の提供又は公表
第２章の６　重要情報の公表

金融商品を扱う業者や取引所等に対する規制

第３章　金融商品取引業者等
第３章の２　金融商品仲介業者
第３章の３　信用格付業者
第３章の４　高速取引行為者
第４章　金融商品取引業協会
第４章の２　投資者保護基金
第５章　金融商品取引所
第５章の２　外国金融商品取引所
第５章の３　金融商品取引清算機関等
第５章の４　証券金融会社
第５章の５　指定紛争解決機関
第５章の６　取引情報蓄積機関等
第５章の７　特定金融指標算出者

有価証券・暗号等資産の取引等に関する規制

第６章　有価証券の取引等に関する規制
第6章の3　暗号等資産の取引等に関する規制

課徴金・罰則など

第６章の２　課徴金
第７章　雑則　第８章の２　没収に関する手続等の特例
第８章　罰則　第９章　犯則事件の調査等

◉ 施行令や内閣府令、ガイドラインも確認する

金融商品取引法には、「○○については政令で定める」「○○については内閣府令で定める」というような規定が置かれている場合があります。

金融商品取引法における**政令**とは「金融商品取引法施行令」を指し、**内閣府令**とは「企業内容等の開示に関する内閣府令」「金融商品取引業法に関する内閣府令」「有価証券の取引等の規制に関する内閣府令」などを指します。金融商品取引法の内容を理解するためには、これらの政令や内閣府令も確認する必要があります。

また、法令ではありませんが、金融庁が定める**事務ガイドライン**を把握することも必要です。これは金融庁の職員に向けた内規ではありますが、何らかの申請を行う際には、この事務ガイドラインを踏まえる必要があります。

さらに、証券取引においては、各証券取引所や日本証券業協会が定める自主ルールを遵守する必要があります。

◉ 条文の読み方について

前述したように、金融商品取引法を理解するためには、金融商品取引法施行令や各種の内閣府令なども確認することが必要です。政令や内閣府令で使われている言葉と、金融商品取引法で使われている言葉を照らし合わせることで、金融商品取引法の内容を把握することができます。

また、条文を読んだだけでは意味が明確にならない場合は、その条文の解釈を行う必要が生じます。条文の解釈をする際に指標になるのが、金融商品取引法の目的・趣旨です。個々の条文は法律の目的・趣旨を実現するために置かれているため、金融商品取引法を解釈する際は、その目的や趣旨を把握することが重要だといえます。

Q デジタル化の進展等の環境変化に対応し金融サービスの顧客等の利便の向上と保護を図るために、令和５年に顧客本位の業務運営・金融リテラシーや企業開示等に関する制度を整備する金融商品取引法の改正法が成立したとのことですが、どのような内容なのでしょうか。

A 成長の果実が家計に分配されるという「資金の好循環」を実現し、家計の安定的な資産形成を図る観点から、主に以下のような改正が行われました。

・顧客本位の業務運営の確保

金融サービスを提供する事業者及び企業年金等の実施者に対して、横断的に、顧客等の最善の利益を勘案しつつ、顧客等に対して誠実かつ公正に業務を遂行する義務が新たに設けられました。

また、金融商品取引業者の義務として、顧客の属性（顧客の知識や経験、財産の状況、金融商品取引契約を締結しようとする目的など）に応じた説明義務が新たに設けられると共に、顧客への情報提供におけるデジタル技術の活用に関する規定が整備されました。

・金融リテラシーの向上

資産形成の支援に関する施策を総合的に推進するための「基本方針」を策定すると共に、利用者の立場に立って、金融経済教育を広く提供するために、「金融経済教育推進機構」に係る制度が新たに設けられました。

●企業開示に関する改正

金融商品取引法は、これまで、上場会社は期中の業績等の開示として原則３か月ごとに提出する義務を負う（四半期報告書）としていましたが、企業開示の効率化の観点から、四半期報告書は廃止されました。なお、第１・第３四半期の開示については、取引所規則に基づく四半期決算短信に一本化されます。

また、半期報告書、臨時報告書の公衆縦覧期間（誰でも自由に見ることができる期間）について、従来は半期報告書３年、臨時報告書１年とされていましたが、いずれも５年間に延長されることになりました。

●その他のデジタル化の進展等に対応した 顧客等の利便向上・保護に係る施策に関する改正

ソーシャルレンディング（インターネットで集めた出資を企業に貸し付けるしくみ）等を行う第二種金融商品取引業者について、投資家に適切な情報提供等が行われなかった事例を踏まえて、運用報告に関する規定が整備されました。

また、不動産特定共同事業契約（出資を募って不動産によって運用し、収益を分配するしくみ）をトークン（デジタル）化する動きが見られていることを踏まえて、他の電子記録移転権利と同様に、当該トークンに金融商品取引法のルールが適用されることになりました。

さらに、金融商品取引業者等のウェブサイトにおいて、営業所に掲示する標識と同内容の情報公表が義務付けられました。その他、虚偽の財務書類の開示を行った企業等に対する課徴金納付命令に係る審判手続のデジタル化が行われることになりました。

■ 令和５年改正金融商品取引法の主な内容

顧客本位の業務運営・金融リテラシー	・最善利益義務の規定の新設 ・実質的説明義務の規定の新設 ・金融経済教育推進機構に係る制度の新設
企業開示	・四半期報告書の廃止 ・公衆縦覧期間の延長

第２章

有価証券取引の知識

1 有価証券の規制について知っておこう

投資性のあるものが金融商品取引法上の有価証券に該当する

◉ 金融商品取引法における「有価証券」とは

有価証券とは、一般的には、紙片と財産的価値が結びついており、その紙片によって権利を行使したり権利を移転することができるものを指します。たとえば、株式会社に出資したことを証明する株券や、物の引渡しを請求できる運送証券、金銭の支払いを請求できる手形・小切手などが有価証券に該当します。

金融商品取引法は、有価証券とデリバティブ取引について規制する法律です。しかし、金融商品取引法における「有価証券」とは、前述のような一般的な有価証券を意味するのではなく、一般的な有価証券のうち、投資の対象となるもののみを意味します。具体的には、後述するように、金融商品取引法２条１項および２条２項において、「有価証券」の定義が規定されています。

◉ 預金や保険商品には金融商品取引法は適用されない

預金（貯金）や保険商品には投資性がないため、金融商品取引法上の有価証券には該当しません。つまり、預金や保険商品には金融商品取引法が適用されないことに注意する必要があります。

もっとも、預金や保険商品のうち、外貨預金や変額保険は投資性がある金融商品だといえます。しかし、これらの金融商品については、銀行法や保険業法などの法律による規制が及ぶため、金融商品取引法上の有価証券には含まれません。銀行法や保険業法では、投資性の強い金融商品について「特定預金等契約」「特定保険契約」と名付けて、これらの商品を販売する際に書面交付義務を課すなど、金融商品取引法上の販売勧誘の方法などの規制に関する規定を準用しています。

◉ 金融商品取引法２条１項の有価証券

金融商品取引法２条１項は、金融商品取引法の適用対象である「有価証券」のうち、証券の発行があるものを規定しています。具体的には、次ページ図の21項目の権利を有価証券として個別に列挙しています。

③の「特別の法律により法人の発行する債券」は、金融機関がそれぞれの業法に基づいて発行する金融債が該当します。

⑥の「特別の法律により設立された法人の発行する出資証券」は、日本銀行が発行している出資証券が該当します。

⑦の「協同組織金融機関の優先出資に関する法律に規定する優先出資証券」は、信用金庫や農林中央金庫などが、会員・組合員以外の者から優先出資を受ける際に発行する証券が該当します。

⑨のうち「新株予約権証券」は、権利行使をして株式会社に金銭を払い込めば株式を取得できる権利（新株予約権）があることを表した証券のことです。

⑫の「貸付信託の受益証券」は、受託者（信託銀行など）が多数の顧客から金銭を受け入れ、その金銭を運用して生じた利益の分配を受ける権利を示すものです。

⑯の「抵当証券法に規定する抵当証券」は、金銭の貸付債権と抵当権が一体となったものです。

◉ 金融商品取引法２条２項の有価証券（第２項有価証券）

金融商品取引法２条２項は、金融商品取引法の適用対象である「有価証券」のうち、証券の発行は可能であるが発行されていない権利であって、有価証券とみなされるもの（みなし有価証券）

を規定しています。

また、電子記録債権は債権の存在を表すために証券や証書が発行されることはありませんが、流通性その他の事情を勘案して有価証券とみなすことが認められるものとして政令で定められた電子記録債権は、有価証券とみなされます（特定電子記録債権）。

■ 金融商品取引法2条1項の有価証券

①	国債証券
②	地方債証券
③	特別の法律により法人の発行する債券
④	「資産の流動化に関する法律」に規定する特定社債券
⑤	社債券
⑥	特別の法律により設立された法人の発行する出資証券
⑦	協同組織金融機関の優先出資に関する法律に規定する優先出資証券
⑧	「資産の流動化に関する法律」に規定する優先出資証券等
⑨	株券又は新株予約権証券
⑩	「投資信託及び投資法人に関する法律」に規定する投資信託の受益証券
⑪	「投資信託及び投資法人に関する法律」に規定する投資証券等
⑫	貸付信託の受益証券
⑬	「資産の流動化に関する法律」に規定する特定目的信託の受益証券
⑭	信託法に規定する受益証券発行信託の受益証券
⑮	法人が事業に必要な資金を調達するために発行する約束手形のうち、内閣府令で定めるもの
⑯	抵当証券法に規定する抵当証券
⑰	外国又は外国の者の発行する証券等で①から⑨、⑫から⑯までに掲げる証券等の性質を有するもの
⑱	外国の者の発行する証券等で銀行業等を営む者の貸付債権を信託する信託の受益証券等
⑲	オプション証券等
⑳	預託証券等
㉑	その他政令で定める証券等

金融商品取引法２条２項各号で列挙している、有価証券としてみなされるもの（第２項有価証券）は、以下の権利です。

① 信託の受益権
② 外国の者に対する権利で信託受益権の性質を有するもの
③ 合名会社、合資会社、合同会社の社員権
④ 外国法人の社員権で③の権利の性質を有するもの
⑤ 民法上の組合契約などから生じる収益の配当や財産の分配を受ける権利（集団投資スキーム持分、61ページ）
⑥ 外国の法令に基づく権利であって、⑤の集団投資スキーム持分に類するもの（外国集団投資スキーム持分）
⑦ 学校法人等に対する貸付債権で、一定の要件のすべてに該当するもの

◉ 第２項有価証券と金融商品取引法

第１項有価証券と第２項有価証券（下図）は、後者の方が流動性が低いという特徴があります。流通性が低い有価証券は、市場の中で売買される機会が少ないため、情報開示を行う必要性は低くなります。したがって、第２項有価証券については、原則として、金融商品取引法第２章（企業内容等の開示）の規定は適用されません。

■ 有価証券の分類（第１項有価証券・第２項有価証券）…………

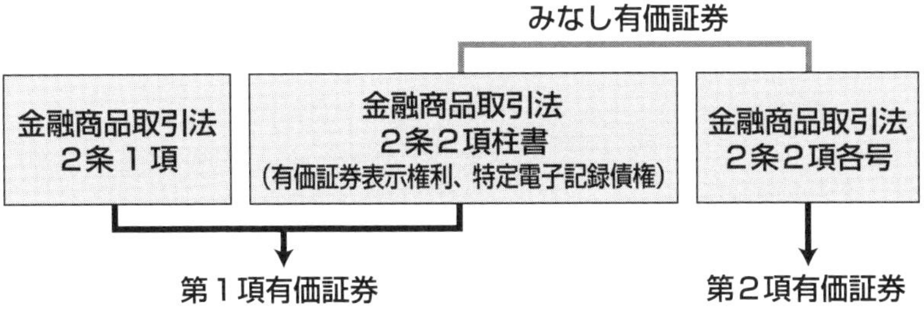

ただし、有価証券投資事業を行う集団投資スキーム持分については、第２項有価証券に該当しますが、例外的に金融商品取引法第２章の規定が適用されます。投資運用の状況に関する情報が市場の投資家にとって重要であるからです。なお、発行開示・継続開示についての規定が、第１項有価証券とは異なっています。

◉ 政令指定によって有価証券が追加されることもある

政令による指定があれば、新たに金融商品取引法上の「有価証券」が追加され、規制の対象が広がることになります。ビジネス社会の発展により、新しい金融商品が生まれる可能性があり、その金融商品に対しても金融商品取引法による規制を及ぼす必要が生じることが考えられます。そのような場合は、政令によって「有価証券」に該当するものが追加される可能性があります。

◉ 金融取引法は有価証券についてどんな規制をしているのか

金融商品取引法上の有価証券は、様々な規制を受けます。

投資家に対して、有価証券を販売する場合は、企業情報を開示する必要がありますし、有価証券を大量に入手した場合は、その状況に関する情報を開示する必要があります。

たとえば、有価証券の募集や売出しを行う場合には、有価証券届出書（76ページ）の提出が義務付けられています。また、有価証券の中でも、発行者が行う資産運用に関する情報が投資判断にとって重要な意味をもつもの（資産金融型の有価証券）については、特定有価証券として特別な規制が行われています。

さらに、第２項有価証券は、原則として企業内容等の開示（金融商品取引法第２章）の対象となりませんが、有価証券に対する投資を行う事業を行うものについては、例外的に企業内容等の開示の対象となります。

2 デリバティブ取引に関する規制について知っておこう

販売・勧誘に関するルールなどの規制がある

◉ デリバティブ取引とは

デリバティブ取引とは、株式や債券、通貨などの現物取引から派生したデリバティブ（現物取引の市場と連動して価格が変動する金融派生商品）を対象とした取引のことです。デリバティブ取引を利用することで、商品の価格が変動するというリスクを回避することができます。

金融商品取引を行う場合、通常は企業の情報を開示する必要がありますが（66ページ）、デリバティブ取引に対しては、金融商品取引を行う際に必要になる企業内容等の開示の規定は適用されません。しかし、デリバティブ取引は資産運用の手段として利用されるため、投資家保護の観点から、販売勧誘方法の規制や不公正な行為の禁止に関する規定の適用を受けます。

◉ デリバティブ取引の具体例

デリバティブ取引には、先物取引、先渡取引、オプション取引、スワップ取引、クレジットデリバティブ取引などがあります。

① 先物取引

先物取引とは、将来の一定の時期に商品の代金の支払いと受渡しを約束する取引です。将来の一定の時期に、その時点での商品の時価とは関係なく、あらかじめ定めた価格で商品の取引が行われます。

たとえば、Aという商品の購入予定があり、現在Aの価格は100万円とします。現在の時点で、将来Aを購入する約束をすれば、将来Aが200万円に値上がりしても、100万円で商品Aを入手できます。逆に、商品Aを売却する予定がある場合は、現在の時点で、将来Aを売却する約束をすれば、将来Aが50万円に値下がりしても、Aを100万円で売却できます。このように、先物取引は、将来価格が変動した場合のリスクを回避するために利用されています。

② 先渡取引

先渡取引とは、特定の商品を、将来のある期日に、あらかじめ定めた価格で売買することです。先渡取引の基本的なしくみは、先物取引と同じですが、商品の数量や受渡し時期などを当事者で自由に選択できるという点が、先物取引と異なります。

③ オプション取引

オプション取引とは、株式や通貨を、一定の期日にあらかじめ定めた価格で売買することです。たとえば、株式のオプション取引は、「権利行使をする」と意思表示をすることで、あらかじめ決めた数量と価格の株式を売り買いすることができます。

オプション取引には「コールオプション」（買う権利）と「プットオプション」（売る権利）があります。コールオプションやプットオプションを保有する人は、利益が最大になるタイミングで権利を行使します。たとえば、向こう半年の間であればいつでもA社の株式を1株1万円で100株購入できる権利を保有しているとします。この場合、A社の株式が1株1万1000円に値上がりした段階で権利を行使し、すぐに取得した株式を売却すれば、10万円の利益を得ることができます。

④ スワップ取引

スワップ取引とは、取引の当事者の一方が金融商品の利率の変動分について支払い、取引の相手方も他方の金融商品の利率の変動分を支払うという内容の取引です。

たとえば、固定金利でお金を借りているAと、変動金利でお金を借りているBがいる場合、変動金利分をAが支払い、固定金利分をＢが支払う、という取引がスワップ取引に該当します。

⑤　**クレジットデリバティブ取引**

クレジットデリバティブ取引とは、債権者がクレジットデリバティブ取引の相手方に手数料を支払い、債務者の信用状態が悪化した場合は、相手方が債権者に対して金銭を支払うという取引です。

たとえば、債権者Ａが債務者Ｂに金銭を貸し付けていたときに、Ａが相手方Ｃとの間でクレジットデリバティブ取引を行い、ＡがＣに対して手数料を支払います。これにより、Ｂの信用状態が悪化し、ＢがＡに対して返済できなくなっても、ＡはＣから債権額相当分の金銭を支払ってもらうことができるので、債権を回収できないというリスクを回避できます。

◉ 取引場所に応じて３つの取引方法に分けられる

デリバティブ取引は、取引が行われる場所に応じて、市場デリバティブ取引、店頭デリバティブ取引、外国市場デリバティブ取引の３つに分類できます。

市場デリバティブ取引とは、金融商品市場で行うデリバティブ取引です。たとえば、先物取引、オプション取引、スワップ取引などが該当します。

■ **デリバティブ取引の種類**

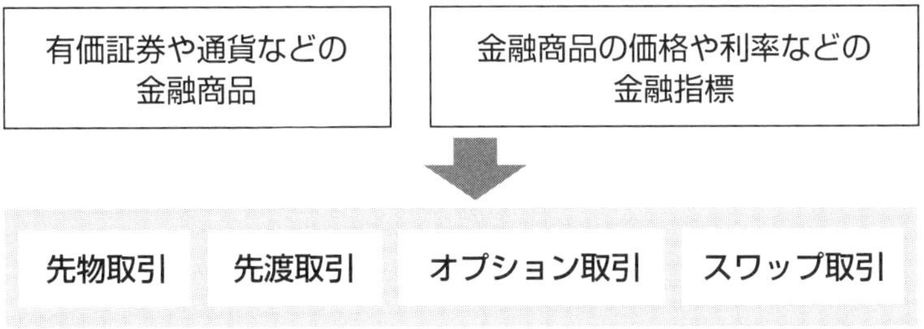

店頭デリバティブ取引とは、金融商品市場や外国金融商品市場とは異なった市場で行うデリバティブ取引です。たとえば、金融機関同士が任意に取引条件を定めるデリバティブ取引が該当します。

外国市場デリバティブ取引とは、外国金融商品市場において行う取引のうち、市場デリバティブ取引と類似している取引です。

◉ どんな規制があるのか

金融商品取引法は、デリバティブ取引の媒介、取次、代理などを規制しています。また、どのようなデリバティブ取引を行うのかによって、金融商品取引業者として第一種金融商品取引業登録または第二種金融商品取引業登録をすることが必要です。

第一種金融商品取引業登録と第二種金融商品取引業登録のどちらが必要かについては、第１項有価証券を扱っているか、それとも第２項有価証券を扱っているかによって異なってきます。

店頭デリバティブ取引を行う場合は、第一種金融商品取引業登録が必要です。一方、市場デリバティブ取引や外国市場デリバティブ取引を行い、その中で第１項有価証券を扱う場合は、第一種金融商品取引業登録が必要となり、第２項有価証券を扱う場合は、第二種金融商品取引業登録が必要になります。

また、デリバティブ取引から生じた権利を表示する証券・証書がある場合、その証券・証書を取引の対象とする際には、金融商品取引法上の情報開示の規制に関する規定が適用されます。

さらに、デリバティブ取引に対しては、不公正取引の禁止、風説の流布などの禁止といった規定が適用されます。

3 有価証券の上場について知っておこう

上場によって取引市場で株式等を誰でも自由に売買できるようになる

◉ 上場株券について

金融商品取引法の中では、金融商品取引所に上場されている株券のことを**上場株券**と呼びます。また、金融商品取引所に上場されている株券等の発行者のことを**上場会社**と呼びます。上場会社に該当すると、私募（少数の投資家やプロの投資家を相手に勧誘をすること）としての情報開示の免除がなされなくなります。

また、上場会社に該当すると、インサイダー取引や相場操縦の規制に関する規定が適用される他、継続開示の対象となるなど、特別な扱いを受けます。

◉ 上場するということの意味

上場とは、株式等を株式市場で誰もが自由に売買できるようにすることです。企業（株式会社）が事業を進めていくためには資金が必要です。その資金はどこかから調達しなければならないわけですが、資金調達方法としては、①借入、②自分で稼いだお金を出す、③投資を募る、の３種類しかありません。このうち、投資を募る場合の代表例が上場です。

金融商品取引法上は、株式を上場する際、すでに発行されている株式を市場に売り出す場合を「売出し」、新たに発行した株式を売り出す場合を「公募」といいます。

なお、会社法上は、１株でも自由に譲渡できる株式を発行している株式会社のことを**公開会社**と呼びますが、公開会社の「公開」とは、株式の譲渡制限をしていないという意味であり、必ずしも上場を意味するものではありません。この点には注意しておきましょう。

◉ 上場と株式公開の関係

株式公開とは、自社の株式を証券取引所に上場させることをいいます。英語の「Initial Public Offering」から、株式公開のことを**IPO**と呼ぶこともあります。

企業を大きくしていくためには、多くの資金を集めることが不可欠です。また、企業が上場している事実は、それだけでも一つのステータスとなります。もちろん、株式公開はどの企業でもできるわけではありません。業績を伸ばして証券取引所の基準を満たしている企業のみが上場することができます。

かつては株式公開の方法として、証券会社の店頭（店頭市場）での取引を目的とする店頭公開と、証券取引所での取引を目的とした上場があったため、「公開」と「上場」の意味合いに若干違いがありました。しかし、現在では「株式の公開＝上場」と考えて問題ありません。

■ 株式等の上場について

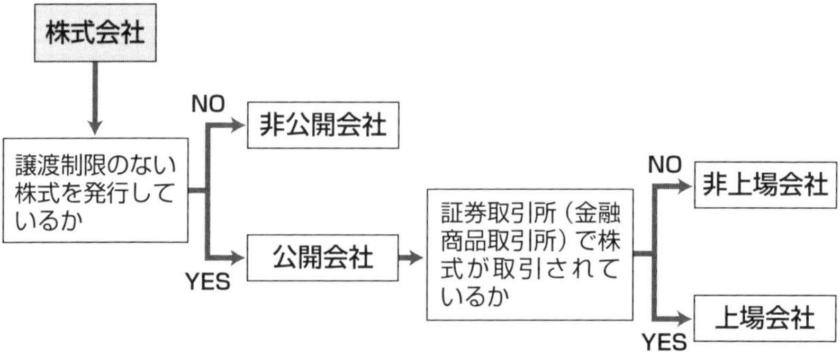

4 有価証券取引について知っておこう

競争売買や信用取引などがある

◉ 有価証券の取引はどのように行われるのか

金融商品取引所（証券取引所など）での有価証券の取引（売買）は、その金融商品取引所の会員や取引参加者だけが行うことができます。たとえば、東京証券取引所の場合、取引参加資格を与えられた金融商品取扱業者等（金融商品取引業者または登録金融機関）が、証券取引所での取引を行うことが可能です。

一般の投資家は直接に金融商品取引所での取引に参加することはできません。一般の投資家が金融商品取引所での取引を行う場合は、第一種金融商品取引業者等（第一種金融商品取引業者または登録金融機関）に注文を出し、第一種金融商品取引業者等が取り次ぐことで、一般の投資家は取引に参加することが可能になります。

第一種金融商品取引業者等が取次業務を行う場合は、自分の名義で有価証券の取引を行うため、投資家ではなく第一種金融商品取引業者等が、取引から発生する権利義務の帰属主体となります。取引によってやり取りされた金銭や利益は、第一種金融商品取引業者等を通じて投資家のものになります。

金融商品取引所は、業務規程の中で、有価証券の売買および市場デリバティブ取引について、①種類と期限、②開始・終了と停止、③契約の締結の方法、④受渡しその他の決済方法、に関する細則を定める必要があります。

東京証券取引所では、一定の時間に限定して、証券取引所での売買を行っています。この証券取引所での売買が可能な時間を売

買立会時間といいます。

また、東京証券取引所では、内国株式の売買の種類として、普通取引、当日決済取引、発行日決済取引の３種類を定めており、普通取引が最も多く利用されています。普通取引とは、売買契約を締結した日から休業日を除いた４日目に決済をする売買の形態です。

売買の単位は、内国株式については、原則として「１株」ではなく「１単元株（一定数の株式をひとくくりにしたもの）」単位として売買が行われています。

◉ 競争売買とは

金融商品取引所での取引（売買）は**競争売買**の方法が用いられています。金融商品取引所で行われる競争売買は個別競争売買です。

個別競争売買とは、売呼値（売り注文で示される値段）の競争と買呼値（買い注文で示される値段）の競争を行い、最も低い値段の売呼値と最も高い値段の買呼値とが合致するとき、その値段を約定値段として売買契約が成立する方式のことです。

個別売買契約では、価格優先の原則と時間優先の原則が適用されます。

価格優先の原則とは、売呼値は価格の低い方が優先し、買呼値は価格の高い方が優先する原則のことです。たとえば、100円、

■ 金融商品取引所で行われている取引 ……………………………

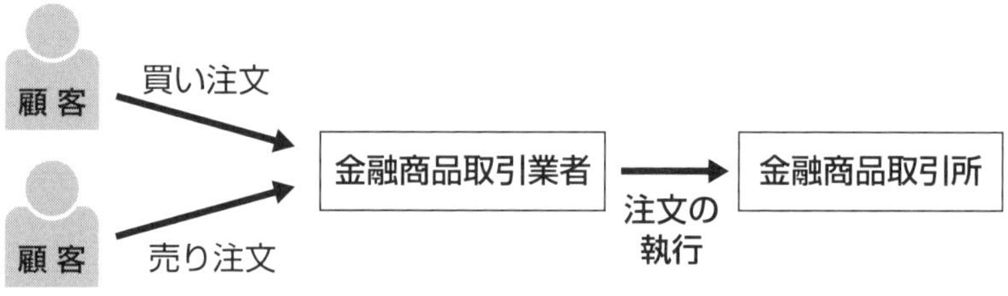

105円、110円の売呼値があった場合には、100円の売呼値が最も優先します。これに対し、100円、105円、110円の買呼値があった場合には、110円の買呼値が最も優先します。

時間優先の原則とは、同じ価格の売呼値・買呼値の間では、呼値が行われた（注文された）時間が早い売呼値・買呼値が優先する原則のことです。たとえば、100円の売呼値について、ＡとＢが「Ａ→Ｂ」の順番で呼値を行っていた場合、Ａの呼値がすべて処理された後に、Ｂの呼値が処理されます。

なお、金融商品取引所は、売買状況に異常がある場合、投資家が不測の損失を被らないように必要な措置をとります。たとえば、多くの銘柄の株価が急激に上昇して、投資家が冷静な判断をせずに投資を行うような状況が生じている場合には、金融商品取引所は呼値の幅を厳しく制限するなどの措置を講じます。

◉ 決済について

金融商品取引所において株式の取引（売買）が成立した場合、売主は買主に対して株式を引き渡し、買主は売主に対して金銭を支払います。このような株式の受渡し（引渡し）と金銭の支払いのことを**決済**といいます。

金融商品取引所では大量の取引が行われています。大量の取引を処理して迅速な決済を行うために、金融商品取引所では**ネッティング方式**という決済方法が用いられています。

ネッティング方式では、株式の受渡しについては、同じ決済日・同じ業者・同じ銘柄の取引は、売り買いの株数を相殺して、差引き分の株数を計算します。株式の受渡しの相手方は、売買契約を締結した相手方ではなく、「日本証券クリアリング機構」（金融商品取引などの清算業務を担う株式会社）になります。

たとえば、同一の銘柄について、Ａ社がＢ社に1000株の株式を売却し、Ｃ社がＡ社に500株の株式を売却し、Ｂ社がＣ社に1000株の株式を売却するという取引を行ったとします。この場合、トータルするとＡ社は500株の株式を引き渡し、Ｂ社は差し引きゼロとなり、Ｃ社は500株の株式を受け取ります。そこで、Ａ社は日本証券クリアリング機構に500株を引き渡し、Ｃ社は日本証券クリアリング機構から500株を受け取ります。代金の授受についても、売り代金と買い代金を差し引いた金額を日本証券クリアリング機構との間で授受します。

◉ 信用取引とは

信用取引とは、顧客が担保として委託保証金を証券会社に差し入れて、買付代金や売付株式を借りて売買を行い、期限内に反対売買を行うか、現引き（現金で決済すること）、現渡し（株式を提供すること）の方法で弁済する取引のことをいいます。

信用取引を認めることで、株価が上がると予想した投資家は、手許に資金がなくても、買付代金を借りて（借金をして）株式を買い付けることができます。投資家の予想通りに株価が上がれば、株式を転売して借金を返済し、利益を得ることができます。逆に、

■ 決済のしくみ

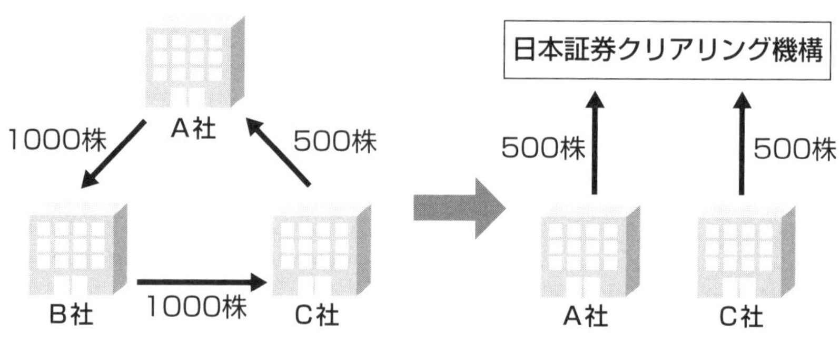

株価が下がると予想した投資家は、株式を他から借り入れて売却し、その後に株式を買い戻して返済して、残額を利益にすることができます。

信用取引には、①弁済の期限等が取引所の規則によって一律に決められている制度信用取引と、②顧客と証券会社との間で条件を自由に決定することができる一般信用取引の２種類があります。

◉ 高速取引行為とは

高速取引行為とは、主に取引の発注・変更・取消しなどを、アルゴリズム（時期や数量などに関するコンピュータによる計算方法）を用いて高速かつ自動的に行う取引を指し、注文件数の半数近くが高速取引行為によるものといわれています。

しかし、高速取引行為に関しては、株価の大変動を引き起こすリスクなどが指摘されているため、一定の規制が設けられています。たとえば、高速取引行為を行おうとする者は、原則として、内閣総理大臣への登録が必要になります。

■ 信用取引のしくみ

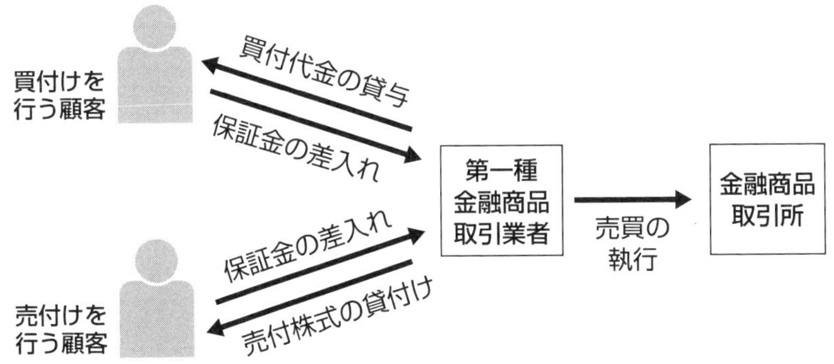

5 金融商品取引所について知っておこう

金融商品取引所同士で競争をしている

◉ どんな機関なのか

金融商品取引所とは、金融商品取引法上、「金融商品市場を開設する者」のことです。

金融商品市場とは、有価証券の売買や市場デリバティブ取引を行う市場のことをいいます。金融商品取引所は、有価証券の流通市場や、市場デリバティブ取引を行う場を提供しています。

金融商品取引所は、組織形態として金融商品会員制法人または株式会社でなければなりません。また、金融商品市場を開設するには、内閣総理大臣の免許が必要です。

金融商品取引所における活動は国民経済にとって非常に重要です。そのため、内閣総理大臣の免許を受けた者でなければ金融商品市場を開設してはならず、無免許で開設された市場で有価証券の売買や市場デリバティブ取引を行うことはできません。

なお、東京証券取引所と大阪証券取引所は平成25年（2013年）1月に経営を統合し、日本取引所グループとしての活動を行っています。これにより、証券取引所としての競争力が強化されました。

◉ 行政の厳しい監督が及ぶ

金融商品取引所の開設には免許が必要ですが、金融商品取引所の開設後も行政（内閣総理大臣）による厳しい監督が及びます。

金融商品取引所は、定款や業務規程を変更する際、内閣総理大臣の認可を得ることが必要です。また、金融商品取引所の役員が法令、定款、行政官庁の処分に違反する行為をした場合、内閣総理大臣は、金融商品取引所に対して、当該行為をした役員を解任するように命令することができます（役員の解任命令）。

投資家の保護のために必要な場合、内閣総理大臣は、金融商品取引所に対して資料の提出を求め、帳簿書類の検査ができます。さらに、金融商品取引所が法令、定款、行政官庁の処分に違反した場合、内閣総理大臣は、金融商品取引所に対して免許取消し、業務停止、役員の解任命令を行うことができます。

金融商品取引所やその子会社が行うことのできる業務は、原則として、取引所金融商品市場（金融商品取引所の開設する金融商品市場のこと）の開設とそれに付帯する業務に限定されています。

ただし、内閣総理大臣の認可を受けることによって、システム開発業務などの金融商品取引所グループ内の共通・重複業務について、金融商品取引所本体での実施が可能です。

◉ 世界中の金融商品取引所が競争関係にある

世界規模の取引所金融商品市場間の競争に勝ち、意思決定を迅速に行い、資金調達を円滑に行う必要性から、平成12年以降、金融商品取引所は株式会社の組織形態を選択できるようになっています。

ただし、金融商品取引所が株式会社の組織形態を選択する場合、資本金を10億円以上とする他、取締役会と会計監査人を設置した

■ 金融商品取引所のしくみ

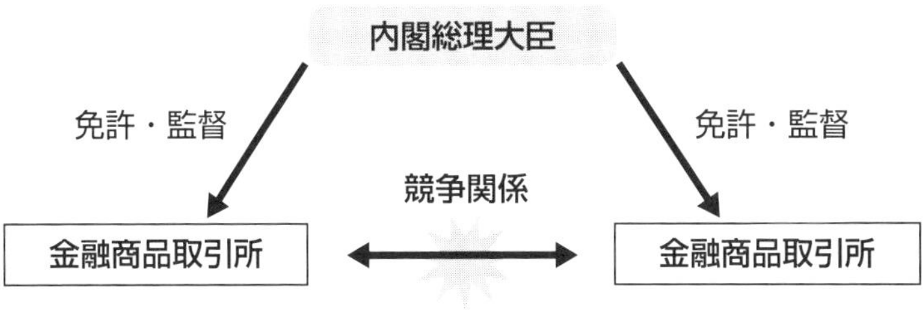

上で、監査役会、指名委員会等、監査等委員会のいずれかを設置することが必要です。

現在の金融商品取引所は、有価証券市場については通常の市場を開設している他、新興企業向けの市場も開設しています。また、金融商品取引所は日本だけに存在するわけでなく、アメリカ、ヨーロッパ、アジアなど世界中に存在しています。これらの金融商品取引所は、自分の市場での取引高を増やそうと激しく競争しています。

◉ どんな自主規制をしているのか

金融商品取引所は、会員、取引参加者、有価証券の発行者に対する監督を行う役割があります（自主規制業務）。たとえば、金融商品取引所は、「会員や取引参加者は、法令、定款、行政官庁の処分を遵守しなければならず、違反者に過怠金を課す」ことなどを定款で定めなければなりません。また、会員や取引参加者が、法令、定款、行政官庁の処分を遵守しているかの調査を行う必要があります。

このように、金融商品取引法は、取引が円滑に行われるように、金融商品取引所に自主的な取り組み（自主規制）を行うことを要請しています。たとえば、日本取引所グループは、取引所とは別に自主規制法人（日本取引所自主規制法人）を設立し、その法人に自主規制業務を担わせています。

◉ 総合取引所構想

近年、国際競争力の強化や利用者の利便性の向上を目的として、株式や商品先物をまとめて上場する総合取引所の設立が検討されています。市場でのデリバティブ取引を金融所管官庁が一元的に管理することになり、総合取引所が設立されることによって、幅広い業者が取引に参加可能になります。

6 投資信託について知っておこう

一般の投資家は専門家の助言を受ける

◉ 投資信託とは

投資信託とは、受益証券を発行して投資家から集めた資金を運用し、その成果を受益証券の価値に反映させて投資者に分配するしくみのことです。

投資家は、自分の判断で投資先を決定します。投資先が業績不振に陥ることで損失を受けるというリスクは投資家が負うので、投資家は投資先の将来性を見極める必要があります。しかし、すべての投資家が投資先を分析するだけの時間や能力を有するわけではありません。また、投資により損失を受けるというリスクを減らすには、投資先を分散させることが必要です。しかし、一般の投資家は多くの資金を有するわけではないので、リスクを軽減するために分散投資をすることは難しいといえます。

投資先を分析する時間や能力がないという問題に対しては、専門家の知識を活用することで対処が可能です。また、リスクの軽減が難しいという問題に対しては、多くの投資家の資金を集めて、複数の投資先に分散投資するしくみを利用することで対処が可能です。このような専門家の活用や投資先の分散というメリットを活用するために作られたのが**投資信託**です。

◉ 投信法のしくみ

投信信託に関しては、金融商品取引法とは別に、「投資信託及び投資法人に関する法律」（投信法）が規制を設けています。投信法は、投資信託として、委託者（投資家）の指図に基づいて運用を行うか否かにより、①委託者指図型投資信託、②委託者非指図型投資信託の２種類を定めています。さらに、投資家の資金をまとめて運用するための法人である投資法人について定めています。

投資法人を設立する際は、設立企画人が設立事務を行います。設立企画人は、規約の作成や設立のための届出などを行います。設立された投資法人は、投資主総会、執行役員、監督役員、役員会、会計監査人などの機関から構成されています。

また、投資法人に投資を行う投資主（投資家）は、自分が出資した範囲内でのみ責任を負います（有限責任）。投資主は、金銭の分配を受ける権利や、投資主総会における議決権を有しています。

投資法人が資産運用を行うためには、内閣総理大臣の登録を受けなければなりません。また、投資法人は、資産運用に必要な業務を資産運用会社（金融商品取引業者であることが必要）に委託することが強制されると共に、資産の保管に関する業務を資産保管会社に委託することも強制されます。このように、投資法人は、重要な活動を外部の法人に委託することが必要とされています。

◉ 投資顧問契約・投資一任契約とは

投資に関する判断は、最終的には投資家自身が行いますが、その際に投資家が専門家の意見を参考にしたいと考えることがあります。金融商品取引法は、投資に関する助言を行う業務を金融商品取引業に含めて**登録制**としており、投資判断に関する助言に対して報酬を支払う契約を**投資顧問契約**と規定しています。

これと異なり、投資に関する最終的な判断も専門家に一任したいと考える投資家も存在します。金融商品取引法は、金融商品の調査・分析と投資判断を一任する契約を**投資一任契約**と規定しています（この契約に基づく業務は投資運用業に該当します、108ページ）。

7 集団投資スキーム持分の規制について知っておこう

情報公開が必要になる

◉ 集団投資スキーム持分とは

金融商品取引法2条2項5号は、「集団投資スキーム持分」をみなし有価証券として定めており、規制の対象としています。

集団投資スキーム持分とは、「集団投資スキーム」、つまり、民法上の組合契約、商法上の匿名組合契約、投資事業有限責任組合契約または有限責任事業組合契約に基づく権利や、社団法人の社員権など、その権利を有する者（出資者）が金銭等を充てて事業（出資対象事業）を行い、その事業から生まれた収益の配当や出資対象事業に係る財産の分配を受けるスキームに係る権利のことです。

なお、民法上の組合とは、複数の組合員が出資して共同の事業を行うための団体のことです。また、商法上の匿名組合とは、誰が出資者なのかが取引の相手方に現れない状態で（匿名で）事業を行う組合のことです。

◉ 集団投資スキーム持分の概念から除外される厭離

金融商品取引法は、集団投資スキーム持分のうち、投資家を保護する必要性が低いと考えられる権利や投資家を保護する必要のない権利について、金融商品取引法上の集団投資スキーム持分の概念から除外して、金融商品取引法の規制を及ぼさないこととしています。

金融商品取引法上の集団投資スキームの定義から除外される主な権利としては、以下のようなものがあります。

・出資者の全員が出資対象事業に関与しているとして政令で定める場合における出資者の権利
・出資者が出資・拠出の額を超えて収益の配当や出資対象事業の財産の分配を受けることがないことを内容とする、出資者の権利
・保険業法に規定されている保険業を行う者が保険者となる保険契約、農業協同組合法に規定されている事業を行う組合と締結した共済契約、消費生活協同組合法に規定されている共済事業を行う組合と締結した共済契約、水産業協同組合法に規定されている事業を行う組合と締結した共済契約、中小企業等協同組合法に規定されている共済事業を行う組合と締結した共済契約、不動産特定共同事業法に規定されている不動産特定共同事業契約に基づく権利

◉ 集団投資スキーム持分にはどんな規制がなされているのか

金融商品取引法は、集団投資スキーム持分に対して、以下のような規制をしています。

・開示規制

集団投資スキーム持分は流動性が乏しいため、金融商品取引法の規定のうち、企業内容等の開示を定める規定（開示規制）については、原則として集団投資スキーム持分には適用されません。ただし、主として有価証券に対する投資を行う事業（出資総額の50％を超える額を有価証券に投資する事業）を行う集団投資スキーム持分については、開示規制の対象となります（68ページ以下）。

・登録制度

集団投資スキーム持分の販売・勧誘（自己募集を含みます）を行う場合には、第二種金融商品取引業者に該当するため、原則として第二種金融商品取引業の登録が必要になります。また、集団投資スキーム持分を有する者から拠出された出資金の運用を行う

場合には、投資運用業者に該当するため、原則として投資運用業の登録が必要になります。ただし、プロ向けの集団投資スキーム持分の販売・勧誘や投資運用業を行う者については、登録は不要であり、届出のみで足ります。

・書面の交付義務など

集団投資スキーム持分を取り扱う金融商品取引業者に対しては、契約締結前や契約締結時に、顧客に対して書面を交付する義務が課されています。

その他にも、金融商品取引法上の集団投資スキーム持分にかかる団体（民法上の組合、商法上の匿名組合、投資事業有限責任組合、有限責任事業組合など）が上場会社等の議決権の10％以上を保有している場合、その組合員である投資家には、売買報告書の提出義務や、短期売買等による利益の提供義務が課されています。

■ 集団投資スキーム持分に対する規制

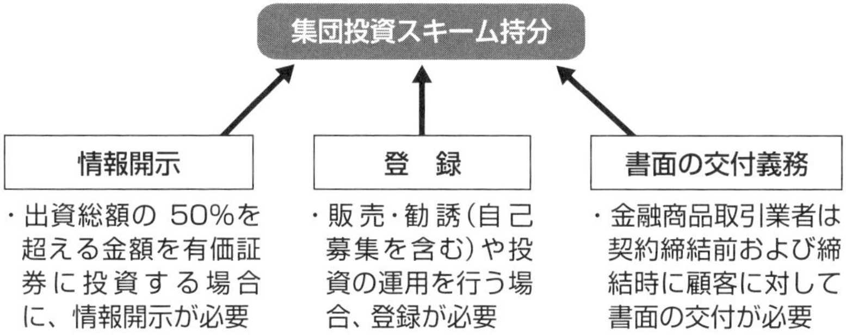

Column

東京証券取引所の市場再編

東京証券取引所には、かつては「市場第一部、市場第二部、マザーズ、JASDAQ」という4つの市場区分が存在していました。この市場区分は、平成25年（2013年）に東京証券取引所と大阪証券取引所による株式市場の統合の際に、上場会社や投資者に影響が出ないようにそれぞれの市場構造を維持したことによるものでした。

しかし、この市場区分については、各市場区分のコンセプトが曖昧で、投資者にとっての利便性が低い他、上場会社の持続的な企業価値向上の動機付けが不十分だという課題がありました。

そこで、東京証券取引所は、市場区分の見直しを行い、令和4年（2022年）4月4日から、「プライム市場・スタンダード市場・グロース市場」の3つの市場区分をスタートさせました。

それぞれの新市場区分のコンセプトとして、「プライム市場」は、グローバルな投資家との建設的な対話を中心に据えた企業向けの市場であり、「スタンダード市場」は、公開された市場における投資対象として十分な流動性とガバナンス水準を備えた企業向けの市場であるとされています。また、「グロース市場」は、高い成長可能性を有する企業向けの市場であるとされています。「プライム市場」と「スタンダード市場」は従来の市場第一部・第二部に、「グロース市場」は従来のJASDAQおよびマザーズ市場にあたるものと考えればよいでしょう。

新市場区分における上場基準については、各市場区分のコンセプトに応じて、流動性やコーポレート・ガバナンスなどに係る定量的・定性的な上場基準をそれぞれ設けることとされています。また、各市場区分への新規上場基準と上場維持基準は、原則として共通化され、上場会社は上場後も継続して各市場区分の新規上場基準の水準を維持する必要があるとされています。

第３章

開示規制の知識

1 開示規制とはどのようなことなのか

投資家の投資判断に必要な情報を提供する

◉ なぜ開示をしなければならないのか

投資をする場合、投資家は自らの判断に基づき投資先を選択し、投資先が倒産して損失を受けるリスクは投資家自身が負います。投資家が自らの判断で投資を行う前提条件として、投資に関する十分な情報を有していることが必要です。しかし、金融商品は一般の投資家にはその内容が非常にわかりにくいものになっています。

そこで、金融商品取引法は、金融商品に関する情報を投資家が十分に得られるようにするため、有価証券や企業に関する情報を投資家に開示する制度（企業内容等の開示）を設けています。

企業内容等の開示には、発行開示と継続開示という２つがあります。**発行開示**は、有価証券の発行（募集・売出し）の際に義務付けられる開示です。発行された有価証券を投資家が発行者から取得（一次取得）する市場を発行市場といい、発行市場における一定の情報を開示することを発行開示といいます。これに対し、継続開示は、有価証券を発行した者に義務付けられている開示です。発行された有価証券が投資家間で売買される市場を流通市場といい、流通市場における継続的な開示を**継続開示**といいます。

発行市場では、一度に多くの投資家に有価証券の勧誘を行うので、その内容を広く知らせる必要があります。そこで、有価証券の発行会社は、発行する有価証券の内容や、発行会社の事業内容などを開示することで、投資家に有価証券や発行会社に関する情報を提供することが義務付けられています。

一方、流通市場では、常に有価証券が流通しているので、その有価証券の発行会社に関する情報を、投資家が常に入手できる状態にする必要があります。そこで、有価証券の発行会社は、有価証券報告書などの提出によって、発行会社の事業内容を継続的に開示することが義務付けられています。

さらに、開示される情報は正しいものでなければならないので、有価証券報告書などに記載される財務計算に関する書類（貸借対照表、損益計算書など）は、公認会計士または監査法人による監査が義務付けられています。

なお、発行されている有価証券に関する情報を証券情報、有価証券を発行している会社に関する情報を企業情報といいます。

◉ 開示規制の対象外となる有価証券もある

金融商品取引法上、以下の有価証券については、企業情報等の開示に関する規定が適用されません。①④⑤は有価証券に対する信頼度が高いこと、②は他の法律で規制が行われていること、③は流通性が低く情報開示をする必要性が低いことが、開示規制の対象外とされている主な理由です。

① 国債証券、地方債証券
② 特別の法律により法人の発行する債券、特別の法律により設立された法人の発行する出資証券、貸付信託の受益証券
③ 有価証券に表示される権利以外の権利のみなし有価証券（有価証券投資事業権利等・電子記録移転権利を除く）
④ 政府が元本の償還や利息の支払について保証している社債券
⑤ その他政令で定める有価証券

上記の開示規制対象外となる有価証券以外の有価証券について

は、原則として、開示規制の対象となります。その他、集団投資スキーム持分で出資の対象となっている事業が有価証券に対する投資を行う事業のうち、政令で定められている場合（有価証券に対する投資を行う集団投資スキーム持分）についても、開示規制の対象に含まれます（68ページ）。この場合、開示規制の対象に含めているのは、有価証券に関する情報が投資家にとって非常に重要なものであるからです（集団投資スキーム持分は、上記の③に該当するため、原則的には開示規制の対象外です）。

◉ 情報開示の方法

情報開示の方法には、投資家に対して開示書類を直接交付する直接開示と、特定の場所で開示書類を閲覧できる状態におく間接開示があります。開示書類とは、有価証券届出書、目論見書、有価証券報告書などを指します（下図）。開示書類のほとんどはEDINETを使って提出することが義務付けられています。

また、開示書類が公衆縦覧に供される場所は、財務局、発行者の本店や主要な支店、金融商品取引所、認可金融商品取引業協会とされています。

◉ インターネットを利用した電子開示手続

情報開示をする際には、その情報を投資家が容易に入手できる

■ 情報開示のしくみ

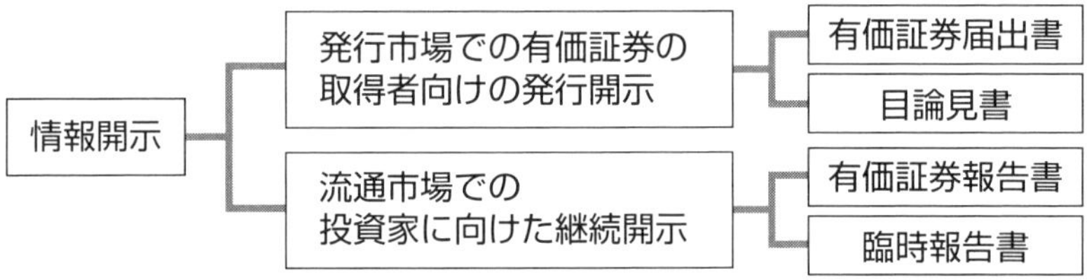

状態にしておく必要があります。そのため、インターネットを利用した電子開示手続が導入されています。この電子開示手続をするためのシステムのことを**EDINET（開示用電子情報処理組織）**といいます。

EDINETの導入により、企業側は情報開示のために必要な事務負担を軽減することができると共に、投資家側も有価証券の情報を容易に入手できるようになりました。

電子開示手続には、EDINETを用いた開示書類の提出が義務付けられる場合と、EDINETを利用するかどうかは任意で、紙媒体を用いた提出も認められる場合（任意電子開示手続）があります。

EDINETを用いた提出が義務付けられている開示書類には、有価証券届出書、有価証券報告書、内部統制報告書などがあります。これらの開示書類には、投資家にとって重要な情報が記載されています。逆に、任意電子開示手続の対象となる開示書類には、有価証券通知書などがあります。

EDINETを用いた開示書類の提出を行う場合、インターネットを通じて金融庁（内閣府）のコンピュータに必要な情報を送信します。この情報が金融庁のコンピュータに記録された時点で、電子開示手続が完了します。送信された情報は、金融商品取引所や金融庁のWebサイトなどを通じて、一般の投資家に公開されています。

■ EDINETとは

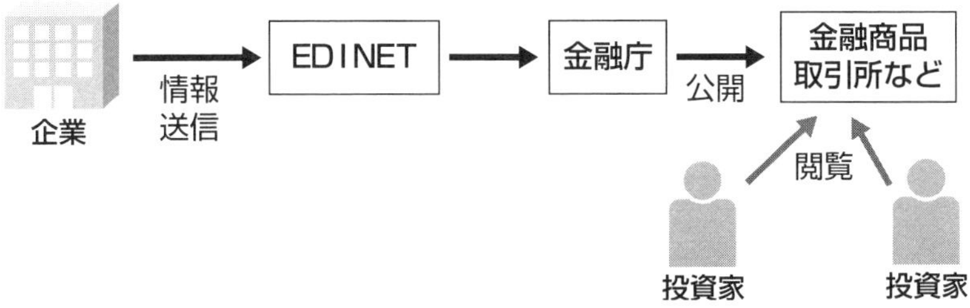

2 発行開示制度について知っておこう

有価証券の募集・売出しを行う場合には情報開示が必要となる

◉ 有価証券の発行開示制度とは

多数の投資家に対する勧誘（有価証券の「募集・売出し」といいます）を行う場合には、投資家に対して、投資判断のために有価証券や発行者（有価証券の発行会社）に関する情報の開示が行われます。投資家が発行者から有価証券を取得するかどうかを判断するには、発行される有価証券の内容・価格・申込み期限といった情報が必要です。さらに、有価証券の発行会社の経営状態についても、有価証券を取得するかどうかの判断材料になります。

発行開示制度は、このように企業が新たに発行する有価証券や大株主等が保有し売却する株券等について、投資家が投資判断を行うために必要な情報を開示することを義務付けることによって、投資家保護を図る制度です。

有価証券の発行（募集・売出し）をする際には、内閣総理大臣に有価証券届出書を提出する（届出をする）ことが必要です（前述したEDINETを利用して提出します)。有価証券届出書を提出しなければ、投資家に対して、有価証券の取得を勧誘したり、有価証券を販売することはできません。

有価証券届出書を提出して、届出の効力が生じるには、原則として受理日から15日かかります。この届出をしてから届出の効力が生じるまでの期間を待機期間といいます。待機期間中は、投資家に対して有価証券取得の勧誘はできますが、実際に販売することはできません。

待機期間を経過して、届出の効力が生じた後は、投資家に対して目論見書を交付して、有価証券を販売することができます。

◉ 有価証券の募集とは

発行開示制度は、有価証券の「募集」または「売出し」を行う際に適用されます。有価証券の募集とは、投資家に対して、新たに発行する有価証券の取得（購入）を勧誘することです。

一方、有価証券の売出しとは、有価証券の所有者がその有価証券を処分する際に、投資家に対して、有価証券の購入を勧誘することです。有価証券が新規に発行されるものか、発行済みのものかという点で、募集と売出しの違いが生じます。前述したように、有価証券の募集や売出し（発行）をする場合は、内閣総理大臣に届出をすることが必要です。

有価証券の「募集」に該当するのは、多数の者（50名以上）を相手として、有価証券の取得を勧誘をする場合に限定されます。「50名以上」とは、勧誘を行った相手方の人数をいいます。そのため、有価証券を購入する投資家が50名未満であっても、勧誘を行った相手方が50名以上であるときは、有価証券の「募集」に該当し、発行開示制度が適用されます。

■ 発行開示の手続きについて

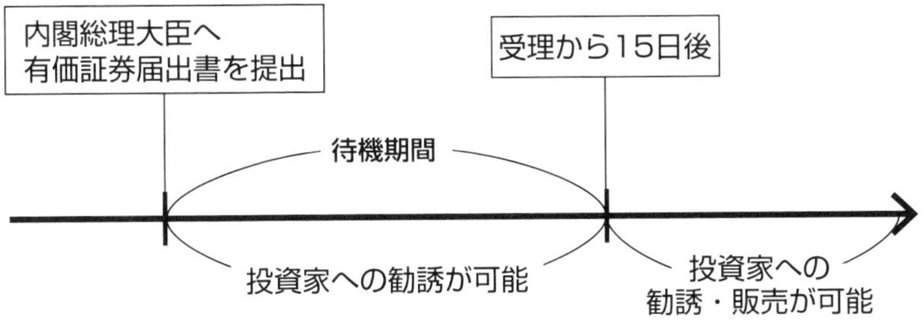

ただし、取得勧誘の相手方の人数が50名以上の場合であっても、相手方のすべてが適格投資家であり、かつ一定の要件を満たすときは、その取得勧誘は有価証券の「募集」ではなく、後述する「適格機関投資家私募（プロ私募）」に該当することになります。

なお、取得勧誘の相手方の中に適格機関投資家（有価証券の投資について専門的知識を有する者のこと）とその他の投資家が存在し、適格機関投資家が取得した有価証券が一般の投資家に譲渡されるおそれが低いときは、その適格機関投資家を取得勧誘の相手方の人数から除外します。

◉ 私募とは何か

前述したように、50名以上の者を相手として、有価証券の勧誘を行う場合には、有価証券の「募集」に該当し、原則として、発行開示が必要です。しかし、相手が全員投資のプロであれば、発行開示を行う必要性は低いといえます。また、たとえば２名の者に有価証券の取得勧誘をするとしても、その２名がそれぞれ30名に転売するつもりであれば、転売先の投資家保護のため、発行開示を行う必要性があるといえます。

そこで、金融商品取引法は「私募」という概念を用いて、有価証券の募集とは異なる規制を行っています。**私募**とは、新たに発行される有価証券の取得勧誘のうち、少数の投資家やプロの投資家に向けて勧誘することです。私募は、以下に挙げる「プロ私募（適格機関投資家私募）」（適格機関投資家向け勧誘）「特定投資家私募」「少人数私募」（少人数向け勧誘）の３つに分類されます。

①　プロ私募（適格機関投資家私募）

プロ私募とは、有価証券の取得勧誘の相手方がすべて適格機関投資家であることをいいます。つまり、投資のプロに対して個別に投資家を募ることがプロ私募に該当します。適格機関投資家とは、銀行や保険会社など投資に関する専門知識を有する者のことです。

適格機関投資家は投資のプロであって、自ら情報を集める能力を有しているため、有価証券の取得勧誘の相手方がすべて適格機関投資家であるプロ私募の場合は、発行開示をする必要はありません。

プロ私募を行う際には、発行開示が行われないことや、転売が制限されることを相手方に対して告知しなければなりません。なお、転売制限のない社債券など、流通性の高い有価証券は、プロ私募の対象とすることができません。

② 特定投資家私募

特定投資家私募とは、一定の要件を満たした特定投資家に対する有価証券の取得勧誘のことです。ⓐ有価証券の取得勧誘の相手方がすべて特定投資家であること、ⓑその取得勧誘（相手方が国、日本銀行、適格機関投資家であるものを除く）を金融商品取引業者等（金融商品取引業者または登録金融機関）に委託して行うもの、または金融商品取引業者等が自己のために行うものであること、ⓒ特定投資家が取得した有価証券が特定投資家等以外の一般投資家に譲渡されるおそれが少ない場合であること、という要件をすべて満たす場合、その取得勧誘は「特定投資家私募」に該当し、発行開示規制は適用されません。

なお、**特定投資家**とはいわゆるプロの投資家のことです。「特定投資家」の範囲は、㋑一般投資家への移行ができない特定投資家（適格機関投資家、日本銀行など）、㋺一般投資家への移行ができる特定投資家（特殊法人、独立行政法人、投資者保護基金、特定目的会社など）、㋩業者等に申出をすることによって特定投資家への移行ができる一般投資家です。

③ 少人数私募

少人数私募とは、取得勧誘の相手方が50名未満の場合であって、プロ私募や特定投資家私募に該当せず、少人数の有価証券の取得者から多人数の取得者に売却される（転売される）おそれが少ない場合の有価証券の取得勧誘のことです。取得勧誘の相手方が少人数であれば、勧誘を受けた投資家は、有価証券の発行者から情報を引き出すことが容易なので、発行開示をする必要はありません。

ただし、上場会社が発行する株券（株式）は流通性が高いので、取得勧誘の相手が１人であっても、少人数私募はできず、発行開示制度が適用されます。また、１回あたりの有価証券の勧誘の対象者を少人数とし、少人数を相手とした勧誘を繰り返し、少人数私募として発行開示を行わないとすることはできません。過去６か月以内に同じ種類の有価証券の少人数私募が行われており、各々の少人数私募の対象者の合計が50名以上になる場合は、発行開示制度が適用されます。

◉ 有価証券の売出しとは

有価証券の「売出し」とは、50名以上の相手に対して、すでに発行されている有価証券の売付けまたは買付けの勧誘をすることです。有価証券の売出しを行う際は、原則として、発行開示制度が適用されます。また、売出しは均一の条件で行う必要はなく、相手に応じて取引条件を変えることも可能です。

しかし、有価証券の情報を収集する能力がある適格機関投資家のみを相手として勧誘を行い、有価証券が一般の投資家に転売されるおそれが低い場合（プロ私売出し）は、プロ私募と同様の理由で、発行開示をする必要はありません。

これに対し、50名未満の相手に勧誘を行うとしても、有価証券の取得者から一般の投資家に転売されるおそれがある場合は、発行開示制度が適用されます。

また、50名以上の者を相手に有価証券の売付けをしなくても、

50名以上の者を相手に売付けの勧誘を行う場合は、発行開示が必要です。その際、勧誘相手に適格機関投資家が含まれるときは、その適格機関投資家を「50名以上の者」から除外して計算します。

第２項有価証券（41ページ）については、500名以上が有価証券を所有することとなる場合に、発行開示制度が適用されます。

◉ 組織再編と開示規制

金融商品取引法は、合併（189ページ）や会社分割（190ページ）など、組織再編により行われる株式の発行等について、有価証券の募集・売出しと同様の規制を行っています。消滅会社の株主が株式の発行会社の情報を入手できるようにするためです。

たとえば、吸収合併（190ページ）の場合は、消滅会社の株主に存続会社の株式が交付される場合において、消滅会社の株式について情報開示が行われ、対価として交付される株式について情報開示が行われていないときに、存続会社は、発行開示制度に係る義務（有価証券届出書の提出など）を負います。

■ 組織再編時の開示

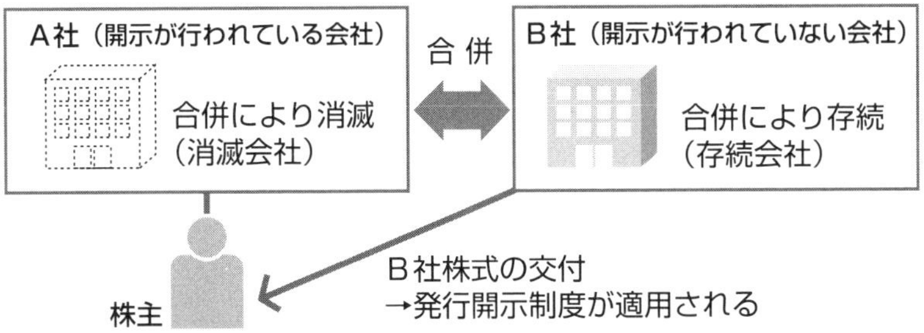

3 有価証券届出書について知っておこう

証券情報や企業情報などが記載されている

◉ 有価証券届出書の提出義務がある

前述したとおり、有価証券の募集や売出しをする場合は、原則として、内閣総理大臣に**有価証券届出書**を提出することで、届出を行わなければなりません（70ページ）。届出をせずに有価証券の募集や売出しを行うと、刑事罰が科されます。

内閣総理大臣への届出義務は、有価証券の募集や売出しを行おうとする者が負います。つまり、有価証券の募集をする者と届出をする者は一致します。しかし、有価証券の売出しの場合、通常は発行者以外の者が売出しを行うため、有価証券の売出しをしようとする者が、発行者に対して届出をするように要請します。有価証券届出書には、発行者の企業情報を記載する必要があるため、募集の際も売出しの際も発行者が届出を行います。有効に届出がなされると、有価証券届出書などは投資家が自由に閲覧できるようになります（公衆縦覧）。

また、組織再編（189ページ）を行う場合も有価証券届出書の提出が必要です。組織再編によって消滅する会社の株券（株式）について情報開示が行われていた場合には、新たに有価証券を発行する際にも有価証券届出書を提出しなければなりません。

◉ 有価証券届出書の提出義務が免除される場合

次のいずれかに該当する場合は、有価証券の情報が十分に開示されており投資家が不利益を被ることがないことや、投資家の保護よりも迅速な資金調達を行う必要性の方が大きいなどの理由から、有価証券届出書を提出する必要はありません。

・有価証券の募集や売出しの相手が、当該有価証券に関する一定の情報を取得済みである場合、または容易に取得することができる場合における当該有価証券の募集や売出し(取締役等に対する譲渡制限付株式の交付、またはストック・オプションの付与)
・有価証券の募集または売出しに係る組織再編成発行手続または組織再編成交付手続のうち、①組織再編対象会社（吸収合併消滅会社など）が発行者である株券等に関して開示が行われていない場合、または②新たに発行される有価証券または特定組織再編成交付手続に係るすでに発行された有価証券に関して開示が行われている場合
・すでに開示が行われている有価証券の売出し
・外国ですでに発行された有価証券等の売出しのうち、国内における当該有価証券に係る売買価格に関する情報を容易に取得することができることその他の要件を満たすもの
・発行価額または売出価額の総額が1億円未満の有価証券の

■ 有価証券届出書の主な記載事項（第2号様式）

第1部　証券情報

・募集要項　　・売出要項
・第三者割当の場合の特記事項
など

第2部　企業情報

・企業の概況　　・設備の状況
・提出会社の株式事務の概要
など

第3部　提出会社の保証会社等の情報

・保証会社の情報
・指数の情報
など

第4部　特別情報

・最近の財務諸表
・子会社の財務諸表
など

募集や売出しのうち内閣府令で定めるもの

◉ どんなことを記載するのか

有価証券届出書は、原則として、証券情報・企業情報・添付書類のすべてを含む通常方式（第２号様式）を利用します。ただし、簡易な方式である組込方式（第２号の２様式）や参照方式（第２号の３様式）を例外的に利用できる場合もあります（82ページ）。

証券情報とは、募集や売出しがなされる有価証券に関する情報です。たとえば、株式であれば、発行される株式の種類・数、発行価格などを記載します。社債であれば、利率、償還期限、担保などの情報が記載されます。

企業情報とは、有価証券の募集や売出しをする企業（発行者）に関する情報です。具体的には、発行者の概況や事業の状況などを記載します。発行者に子会社があり企業グループを形成しているときは、企業グループ全体の企業情報の記載が必要です。

この他にも、最近の５事業年度の財務諸表、社債を保証している会社についてはその保証会社の情報を記載します。

◉ 届出の効力について

前述したように、原則として、内閣総理大臣が有価証券届出書を受理してから15日後に届出の効力が生じます。

有価証券届出書を提出してから届出の効力が発生するまでの間を待機期間といいます。待機期間においては、投資家に対して、有価証券の取得や売付けの勧誘を行うことはできるのに対し、実際に有価証券を販売することはできません。

待機期間中に有価証券を販売して、有価証券を取得した者が損害を被った場合、有価証券を販売した者は、有価証券を取得した者に対して損害を賠償する必要があります。

また、待機期間において、有価証券届出書に虚偽の記載がないか内閣総理大臣が審査を行います。届出の記載内容に誤りがある場合、内閣総理大臣は、有価証券届出書の内容を訂正するよう命じることができますし、届出の効力を停止することもできます。

さらに、待機期間が設けられていることで、投資家は、有価証券届出書の公衆縦覧を通じて、投資を行うかどうかの冷静な判断が可能になります。

◉ 有価証券通知書の提出が必要となる場合もある

有価証券届出書の提出義務が免除される場合（76ページ）でも、「特定募集等」に該当するときは、有価証券通知書の提出が必要です。特定募集等に該当するのは、主として以下の場合です。

・すでに開示（有価証券報告書の提出）が行われている有価証券の売出しのうち、売出価額の総額が1億円以上のもの
・すでに開示（有価証券報告書の提出）が行われている有価証券の募集のうち、発行価額の総額が1000万円を超えて1億円未満のもの
・発行価額や売出価額の総額が1000万円を超えて1億円未満である開示が行われていない有価証券の募集や売出し

■ 有価証券通知書・有価証券届出書提出の要否

	1000万円以下	1000万円超～1億円未満	1億円以上
募集	（開示）　不要 （非開示）不要	（開示）　有価証券通知書 （非開示）有価証券通知書	（開示）　有価証券届出書 （非開示）有価証券届出書
売出し	（開示）　不要 （非開示）不要	（開示）　不要 （非開示）有価証券通知書	（開示）　有価証券通知書 （非開示）有価証券届出書

※開示：有価証券報告書を提出している会社（開示会社）
※非開示：有価証券報告書を提出していない会社（非開示会社）

4 目論見書について知っておこう

投資家に対する直接的な情報開示である

◉ 目論見書とは

目論見書とは、投資家に直接交付される開示書類のことで、有価証券の発行者の事業などに関する情報が記載されています。

目論見書には、有価証券届出書に記載されている内容と同程度の情報が記載されます。具体的には、有価証券届出書の記載内容に加えて、有価証券届出書の届出の効力が発生していること（効力発生日）などの特記事項が記載されます。

有価証券届出書は、内閣総理大臣に提出された後、誰でも閲覧できる状態（公衆縦覧）に置かれることとされているため、間接的な情報開示であり、投資家への情報提供としては十分なものとはいえません。そこで、金融商品取引法は、投資家に対する直接的な情報開示として、有価証券届出書と同程度の情報が記載されている目論見書を投資家に交付しなければならないという、目論見書制度を定めています。

有価証券の発行者は、投資家の勧誘を行うために有価証券届出書を内閣総理大臣に提出し、その届出の効力が発生した後に、投資家に有価証券を販売する際に目論見書を交付します。投資家は有価証券届出書と目論見書で情報を確認することになります。

◉ どんな場合に作成義務があるのか

届出を要する以下の募集・売出し等に係る有価証券の発行者は、目論見書を作成する義務を負います。

① 発行価額の総額が1億円以上の募集（特定組織再編成発行手続を除く）
② その有価証券に関して開示が行われておらず、かつ売出価額の総額が1億円以上の売出し（特定組織再編成発行手続を除く）
③ 適格機関投資家取得有価証券一般勧誘（すでに開示が行われている有価証券に係るものは除く）
④ 特定投資家等取得有価証券一般勧誘（すでに開示が行われている有価証券に係るものは除く）
⑤ 発行者の関係者が行う、届け出義務を要しないすでに開示が行われている株券の1億円以上の売出し

◉ 目論見書の交付義務

有価証券の発行者や売出人、金融商品取引業者等は、届出を要する有価証券の募集や売出し等によって、投資家に有価証券を取得させたり売り付けたりする場合には、あらかじめ、または同時に、目論見書を交付する義務を負います。ただし、次のいずれかの場合には、交付義務が免除されます。

・適格機関投資家（73ページ）に有価証券を販売する場合
・同じ銘柄の有価証券を所有する者、または同居者がすでに目論見書の交付を受けている、あるいは、確実に受けると見込まれる者が、目論見書の交付を受けないことについて同意した場合

目論見書の交付義務に違反して有価証券を取得させた者は、当該有価証券を取得した者に対して、目論見書を交付しなかったことによって生じた損害を賠償する責任を負います。

5 簡易な発行開示制度とはどのようなものなのか

手続きを省略することができる

◉ 統合開示制度とは

上場企業など継続開示を行う必要がある企業は、事業年度ごとに有価証券報告書によって情報開示を行っています。有価証券報告書には企業の事業状況等が記載されています。有価証券報告書の記載内容と有価証券届出書や目論見書の記載内容の基本部分は同じです。

有価証券届出書を提出する際は、原則として「通常方式」（第２号様式）を利用して書類を作成します。通常方式では、有価証券報告書に記載された情報についても、有価証券届出書に記載することが必要です。しかし、有価証券届出書を作成する際に、すでに提出している有価証券報告書の内容と情報が重複するのであれば、有価証券を発行するたびに有価証券届出書を作成する必要性は低いといえます。

この場合に、有価証券報告書などの継続開示書類（85ページ）の情報を、発行開示の際の企業情報（有価証券の募集や売出しをする企業に関する情報）として活用するしくみのことを**統合開示制度**といいます。統合開示制度には、組込方式（第２号の２様式）と参照方式（第２号の３様式）という２つのしくみがあります。

◉ 組込方式と参照方式はどんな方式なのか

１年間継続して有価証券報告書を提出している企業は、直近の有価証券報告書などの写しをとじ込み、その有価証券報告書の提出後に生じた事実を有価証券届出書に記載することで、企業情報の記載とすることができます。この方式による開示を**組込方式**といいます。

組込方式を利用することができる企業は、１年以上継続して有価証券報告書を提出しており、その企業情報は投資家に広く知れ渡っています。そのため、組込方式を利用する場合は、有価証券届出書の提出から効力発生日までの期間が７日間に短縮されています。

一方、１年間継続して有価証券報告書を提出している企業のうち、特に周知性の高い企業（売買金額や時価総額が一定額以上の上場株式の発行者）は、**参照方式**を利用することができます。参照方式を利用する企業は、有価証券報告書などを参照するように有価証券届出書に記載することで、企業情報の記載とすることができます。

つまり、組込方式では特定の書類の写しをとじ込む必要があるのに対し、参照方式では特定の書類を参照することを記載するだけでよいことになります。参照方式を利用する場合も、有価証券届出書を提出してから届出の効力発生日までの期間が７日間に短縮されます。

◉ 発行登録制度とは

参照方式を利用することができる企業は、**発行登録制度**を利用することができます。組込方式や参照方式を利用しても、有価証券届

■ 発行登録制度のしくみ

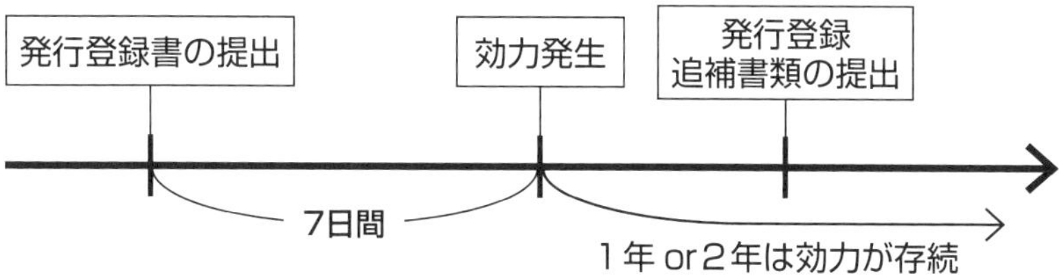

出書の提出から効力発生日まで7日間かかるので、有価証券を頻繁に発行する企業にとっては発行登録制度を利用した方が便利です。

発行登録とは、あらかじめ1年または2年の間に予定している有価証券の発行をまとめて登録することをいい、これが届出に代わるものとなります。そのため、発行登録の効力発生後は、簡単な発行登録追補書類を作成するだけで、すぐに有価証券の販売ができますから、発行登録制度の利用によって迅速な資金調達が可能になります。

◉ 発行登録の手続き

発行登録をするためには、有価証券の発行者が、内閣総理大臣に発行登録書を提出します。発行登録書には、有価証券の種類、発行予定価格、発行予定期間（1年または2年）などを記載します。発行登録を行う場合も、発行登録の効力が発生するまでは、投資家に有価証券の取得を勧誘することはできても、実際に有価証券を販売することはできません。

◉ 発行登録の効力発生後はどうなる

発行登録書の効力が発生した後は、有価証券を発行するたびに、内閣総理大臣に「発行登録追補書類」を提出することで、有価証券届出書を提出しなくても、すぐに投資家に有価証券を販売することができます。発行登録追補書類には、企業情報として有価証券報告書を参照すべき点や、有価証券報告書の提出後に発生した事情などが記載されます。

発行登録書と発行登録追補書類は、誰でも閲覧できる状態に置かれます（公衆縦覧）。投資家に有価証券を販売する際は、発行登録追補書類の記載内容に特記事項を加えた「発行登録追補目論見書」を投資家に交付します。

6 上場会社が行う継続開示制度とはどのようなものなのか

有価証券報告書や半期報告書などの提出が義務付けられている

◉ 継続開示制度とは

金融商品取引法は、金融商品取引所（証券取引所）に上場されている株式などのように、流動性のある有価証券の発行会社に対して、投資家がその有価証券についての投資判断に必要な重要な情報を継続的に開示することを義務付けています。これを**継続開示**といいます。継続開示制度は、投資家の保護を図ることと、有価証券の公正かつ円滑な流通を確保することを目的としています。

継続開示の義務を負うのは、上場証券の発行者や、過去に有価証券の募集または売出を行った証券の発行者、資本金５億円以上かつ株主1000名以上の株式会社などです。

継続開示には、有価証券報告書や半期報告書、確認書、内部統制報告書、自己株券買付状況報告書、親会社等状況報告書による定期的な開示と、重要な事実が生じた場合に臨時報告書を提出して行う臨時的な開示があります。これらの書類のことを**継続開示書類**といいます。これらの書類から、投資家は投資に関する情報を入手することになります。

◉ 有価証券報告書

有価証券報告書の提出義務を負うのは、上場会社や有価証券届出書を提出した有価証券の発行会社などです。有価証券報告書には、会社の商号、会社の概況、事業の状況などが記載されます。さらに、令和４年（2022年）に企業内容の開示等に関する内閣府令が改正され、令和５年（2023年）３月31日以後に終了する事業年度に係る有価証券報告書においては、サステナビリティ情報の記載欄が新たに設けられ、「ガバナンス」「戦略」「リスク管理」および「指標及び目標」を開示することになっています。

有価証券報告書の提出義務者が財務書類を作成し、その監査を受けるためには時間がかかるため、有価証券報告書の提出期限は事業年度が終了してから3か月以内とされています。

有価証券報告書を内閣総理大臣に提出した発行者は、その写しを金融商品取引所等に提出しなければなりません。提出された有価証券報告書は、財務局や金融商品取引所などで閲覧できるようになります（公衆縦覧）。

◉ 内部統制報告書

粉飾決算（不正な会計処理により虚偽が含まれた決算報告のこと）や有価証券報告書の虚偽記載を防止するためには、企業内部で適切な情報伝達システムを整備することが必要です。金融商品取引法は、上場会社等に対して、財務書類の適正さを保つための企業内部の体制について評価した内部統制報告書の提出を義務付けています。

内部統制報告書は、有価証券報告書とあわせて内閣総理大臣に提出します。また、内部統制報告書は、公認会計士または監査法人による監査証明（内部統制監査報告書）を受ける必要があります。内部統制報告書や内部統制監査報告書は、企業会計審議会が公表している「財務報告に係る内部統制の評価及び監査に関する基準」に従って作成します。なお、内部統制報告書には、内部統制の基本的枠組み、評価の範囲・基準、評価結果などを記載します。

内部統制を評価する手順としては、経営者が企業全体の内部統制が適正に行われているかを確認し、業務プロセスに関わる内部統制を評価します。広範な業務プロセス全体をすべて評価の対象とすると膨大な作業量となるため、ポイントを絞って評価することが必要とされています。

また、上場会社は、有価証券報告書の記載内容が適正であると確認した確認書を提出する必要があります。

◉ 半期報告書

これまで、金融商品取引法は、上場会社等に対して、3か月ごとに企業情報を記載した「四半期報告書」を内閣総理大臣に提出することを義務付けていました。しかし、企業開示の効率化の観点から、令和5年（2023年）の金融商品取引法改正によって、令和6年（2024年）4月1日から、四半期報告書は廃止されることになりました。これに伴い、第1・第3四半期の開示については、金融商品取引所規則に基づく「四半期決算短信」に一本化されることになります。四半期決算短信は、四半期における企業の業績や配当の状況などについて開示するものです。

また、これまでは、上場会社のうち四半期報告書の提出義務を負う会社以外の会社については、その事業年度が6か月を超える場合、「半期報告書」の提出が義務付けられていましたが、令和5年（2023年）の金融商品取引法改正により四半期報告書が廃止されることに伴って、令和6年（2024年）4月1日以降、すべての上場会社について、半期報告書の提出が義務付けられることになりました。そして、半期報告書については、これまでは原則として半期経過後3か月以内に提出するとされていましたが、令和5年（2023年）の金融商品取引法改正により、令和6年（2024年）4月1日以降は、半期を経過した日から起算して45日以内の政令で定める期間内に提出することが必要になります。

さらに、これまでの半期報告書の公衆縦覧期間は3年とされていましたが、令和5年（2023年）の金融商品取引法改正により、令和６年（2024年）４月１日以降は、５年に延長されることになりました。

◉ 臨時報告書

取引先が手形の不渡りを出して多額の債権回収が不可能になるおそれがある場合など、重要な事実が発生した場合は、臨時報告書を提出しなければなりません。四半期決算短信や半期報告書だけでは、投資家に最新情報が提供されるとは限らないので、重要な事実の発生時に臨時報告書の提出を義務付けています。臨時報告書の提出義務を負うのは、有価証券報告書を提出する必要がある会社です。

具体的に、臨時報告書を提出しなければならない場面は、大きく５つに分けることができます。

①　国内で発行開示がされないが、１株の価値が減少するために既存株主に影響が出るという事情が生じる場面

海外で株券等（株式など）の募集や売出しが行われる場合や、有価証券届出書の提出義務がないストックオプションの発行決議があった場合などが該当します。ストックオプションとは、役員や社員に対して、自社の発行する株式をあらかじめ決められた価額で購入することができる権利（新株予約権）を与える制度です。

②　他の会社との関係や経営者に関する事柄に変更があった場面

主要株主や代表取締役の異動があった場合などが該当します。

③　企業の財政状況に大きな影響を与える場面

大きな災害が発生した場合や、自社に対して請求金額の大きい損害賠償請求訴訟が提起された場合などが該当します。

④　企業の根幹に影響を与える事実が発生する場面

組織再編（189ページ）を決定した場合や、民事再生法に基づく再生手続きの申立てがあった場面などが該当します。

⑤　企業の財政状態に大きな影響を与える場面

①から④で示した場面に該当しなくても、自社の財政状態に大きな影響を与える事象が発生した場合、臨時報告書の提出が必要となります。

なお、これまでは臨時報告書の公衆縦覧期間は1年とされていましたが、令和5年（2023年）の金融商品取引法改正により、令和6年（2024年）4月1日以降は、5年に延長されることになりました。

◉ 自己株券買付状況報告書

会社が自己株式を取得する意図があるのかどうかという点は、投資家にとって非常に重要な情報です。そのため、上場会社等は、自己株式の取得についての株主総会決議や取締役会決議を行った場合、決議された取得期間内は、毎月の自己株式の買付状況を記載した自己株券買付状況報告書を、翌月15日までに内閣総理大臣に提出する必要があります。

◉ 親会社等状況報告書

有価証券報告書を提出する必要がある会社が、別の会社（親会社）の子会社である場合には、親会社の経営状況も子会社に対して投資するかどうか判断する際の重要な情報になります。そのため、有価証券報告書を提出する必要がある会社に親会社等が存在する場合は、親会社等の事業年度ごとに、当該親会社等の経営状況等を記載した親会社等状況報告書を提出する必要があります。

7 金融商品取引法と内部統制の関係について知っておこう

業務プロセスの評価などが必要である

◉ 内部統制にはどんな機能があるのか

内部統制とは、会社の業務の適性を確保するため、①財務報告の信頼性、②業務執行の有効性や効率性、③法令遵守（コンプライアンス）を目的として、会社の経営者（取締役・執行役）、取締役会、従業員などによって遂行される一連の手続きのことをいいます。

特に大企業の場合、虚偽記載やインサイダー取引などの違法行為が社会に与える影響が大きいので、内部統制システムを作りあげることが必要となってきます。たとえば、会社法上の大会社（資本金５億円以上または負債200億円以上の株式会社）の場合は、内部統制システムの構築（整備）が義務付けられています。取締役会設置会社の場合は、内部統制システムの構築について取締役会で決定します（大会社以外の場合は、内部統制システムの整備を決定すべき法的義務がありません）。

また、金融商品取引法は、上場会社等に対して、経営者が財務に関する内部統制の有効性を評価した報告書（内部統制報告書）を内閣総理大臣に提出することを義務付けています（86ページ）。「内部統制の有効性の評価」とは、財務報告に重要な影響を与える内部統制の不備の有無をチェックすることです。

さらに、経営者の内部統制報告書に対しては、独立監査人（公認会計士または監査法人）が監査を行わなければなりません。独立監査人による監査を経て内部統制監査報告書が作成されます。独立監査人は、経営者の内部統制報告書が適正なものかどうかにつき意見を表明します。そして、独立監査人の監査報告書には、内部統制監査の概要と内部統制報告書に対する独立監査人の意見が記載されます。

ただし、内部統制を文書化して評価するという作業は、企業に大きなコスト負担を強いることになります。業務プロセスに関わる内部統制の評価は、すべての業務を対象としていたのでは膨大な時間と費用が必要です。ポイントを押さえた評価を行うために、財務報告全体に影響を与える主要な内部統制手続きを把握して評価をしていかなければなりません。

◉ 上場会社等に求められること

上場会社等について、当然に内部統制システムの構築が必要だというわけではありません（大会社では必要です）。しかし、内部統制システムの構築は健全な企業組織を作る上で重要な要素となります。株式上場の際には、企業組織が健全であるかという点が審査されますので、この意味で内部統制システムの構築が上場

■ 内部統制システムのしくみ（監査役〈会〉設置会社の場合）…

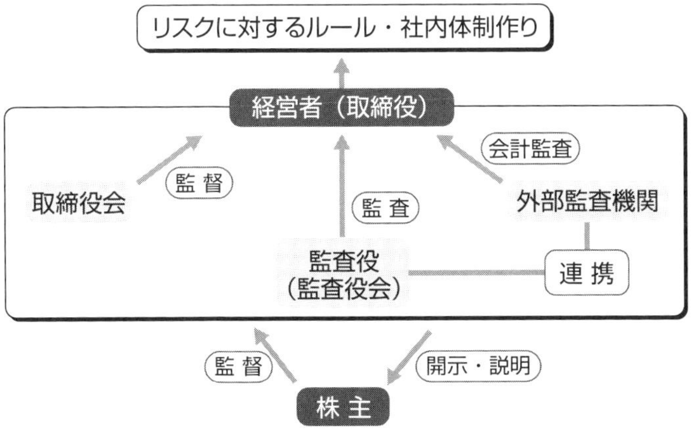

審査のために必要になります。ただ、上場審査のための特別な内部統制システムを構築する必要があるわけではなく、株式上場に際しての経営管理制度の調整の中でより有効な組織を追求することになります。

◉ 内部統制の整備について

内部統制を整備する理由は、会社内から不正行為を排除するためです。また、取締役会の監督や監査役の内部監査は、内部統制が有効に機能しているかどうかをチェックするために行われます。

取締役会は内部統制の方針を決定し、経営者の内部統制の運用に対して監督責任を負います。さらに、監査役は取締役会が内部統制への責任を果たしているかどうかを監査をする必要があります。

内部統制は「基本計画の作成→現状（リスク）分析→文書化→基本計画の進捗状況のモニタリング（状況把握）」という順番で手続きを踏みます。基本計画の策定はトップダウンで周知徹底します。また、文書化は内部統制を評価する際に欠かせません。文書化を行うことで、内部統制に問題が発生した際に迅速な対応が可能になります。

経営の問題点について株主から質問を受けた場合、取締役は適切に回答する必要があります。内部統制に問題点がある場合には、どのようにその問題点を解消するのかについての見通しを株主に説明しなければなりません。

◉ 内部統制システムが正しく機能するために必要なこと

内部統制システムを構築するためには、企業風土作り、監査体制の充実、リスクの認識とその対応、手続き・マニュアルの作成と従業員への周知徹底などの社内体制を作ることが必要です。

内部統制システムの構築の上でまず必要なことは、経営上のリスク分析・評価です。経営上はどうしてもリスクを抱えることになりますが、そのリスクがどのような種類のものかを適切に分析・評価する体制を作ることが、内部統制システム構築の第一歩です。

経営者の方針が適切に遂行される体制を作ることも、内部統制システムを構築するために必要な要素です。経営者の方針をすべての従業員に浸透させ、各部門の権限の範囲を明確にすることで、経営者が会社全体を適切に統制することが可能になります。

企業の組織内で情報共有のシステムを作ることも、内部統制システムの構築においては重要です。組織内で情報のやりとりが円滑に行われることで、組織の現状把握やその統制が可能になります。

さらに、内部統制システムの構築後は、その内部統制システムが適切・有効に機能しているかをチェックする必要があります。

具体的には、従業員に個別に調査を行うなどして、内部統制システムが機能しているかを検討します。また、経営者自らのチェック、監査役のチェック、社外監査役（就任前10年間に自社

■ **内部統制システムの構築とその活用法** …………………………

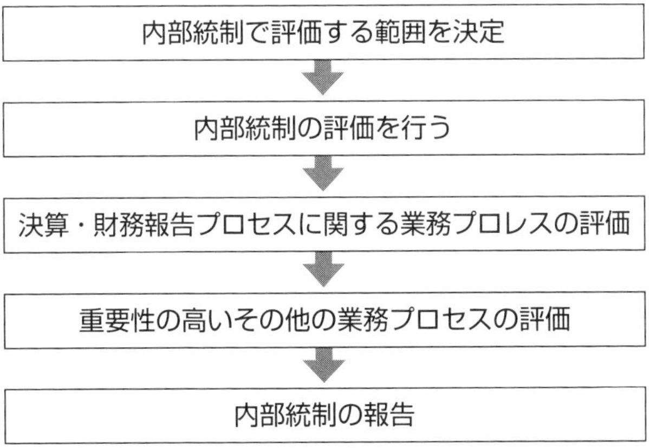

またはその子会社の取締役・会計参与・執行役・支配人その他の使用人になったことがないなどの諸条件をクリアした監査役のこと）や会計監査人など外部監査機関のチェックがなされることも必要です。特に、監査役が会社の重要な情報をチェックすることができ、監査役と外部監査機関が連携して監査機能の強化が図られることが重要になってきます。

◉ 内部統制システムの見直しも必要になる

内部統制システムは、一度構築してしまえば、それを半永久的に利用できるというわけではありません。社会や企業を取り巻く状況が変化すれば、それに対応して内部統制システムの見直しも必要になります。特に、企業の規模が大きくなっていけば、現状の内部統制システムだけでは対応できない問題が生じる可能性があります。その場合には、既存の内部統制システムを強化するだけではなく、新しい内部統制システムの導入を検討することも必要になります。

◉ 株主総会での事業報告と内部統制

会社の財政状態や経営成績に関する会計情報を扱う計算書類とは異なって、事業報告は、会社の事業の状況を文章で説明した書類です。定時株主総会で事業報告を株主に提供する際には、事業報告に記載した内容を補足する附属明細書も提出します。

事業報告には、その会社の状況に関する重要な事項、内部統制システムに関する事項を記載します。そして、取締役設置会社においては、作成された事業報告について、監査機関の監査（たとえば、監査役設置会社の場合には監査役によって行われます）、取締役会の承認を経る必要があります。その後、取締役が定時株主総会にその内容を報告する、という流れになります。

8 財務計算に関する書類の監査制度について知っておこう

公認会計士または監査法人によるチェックが必要である

◉ 公認会計士または監査法人による監査証明

貸借対照表や損益計算書などの財務計算に関する書類には、投資家が投資判断をする際の重要な情報が記載されています。そのため、金融商品取引所に上場されている有価証券の発行会社など（特定発行者）は、財務情報に対する信頼性を確保する目的で、企業と特別な利害関係のない公認会計士等（公認会計士または監査法人）による財務計算に関する書類の**監査証明**を受けることが義務付けられています。

監査証明を行う公認会計士等は、財務計算に関する書類の監査を受ける会社との間に経済的な依存関係がないことが必要です。たとえば、公認会計士等が、監査を受ける会社の役員や従業員、株主などである場合には、公正な監査が行われない可能性があるため、その者は監査証明を行うことができません。つまり、監査証明を行う公認会計士等と監査を受ける会社との間には特別な利害関係のないことが求められるのです。

◉ 監査証明とは

有価証券報告書や有価証券届出書に含まれる財務計算に関する書類については、当該書類の監査を行った公認会計士または監査法人が作成する**監査報告書**によって、監査証明が行われます。監査報告書には、経営者の財務計算に関する書類の内容が適正かどうかについて、公認会計士等による無限定適正意見、限定付適正意見、不適正意見のうち、いずれかの意見が記載されます。

意見や結論を導くための事実を把握できない場合は、意見不表明・結論不表明と記載し、意見や結論を表明できない理由をあわせて記載します。

なお、監査報告書は、添付書類として有価証券報告書の中で開示されます。

◉ 開示書類の審査

金融商品取引法に基づき提出される開示書類は、内容の正確性を調査するために国による審査が行われます。

有価証券届出書や有価証券報告書は、内閣総理大臣に提出されます。書類に不備があったり、重要な事項が記載されていない場合には、内閣総理大臣は訂正を命じることができます。また、有価証券届出書に虚偽の記載があった場合には、内閣総理大臣は届出の効力を停止することができます。

なお、国による審査を経て届出の効力が生じたとしても、内閣総理大臣が有価証券届出書の記載内容が正確であると保証したものとはみなされない点に注意を要します。

■ 監査報告書による監査証明のしくみ ………………………………

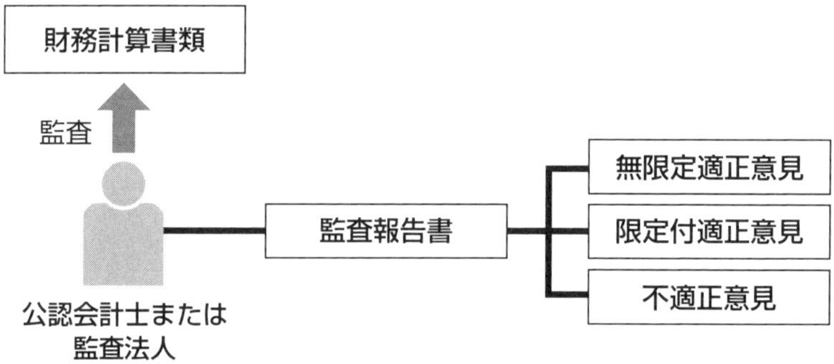

9 開示規制に違反した場合の責任について知っておこう

損害賠償責任を負うことになる

◉ どんな特徴があるのか

有価証券について虚偽の情報開示が行われると、投資家が損害を受けます。開示書類に虚偽があったことで損害を受けた投資家は、有価証券の発行者に対して、不法行為に基づく損害賠償請求ができます。しかし、有価証券の虚偽記載による損害額を立証することは極めて困難です。そこで、金融商品取引法は、一定の方法により算出した金額を損害額とみなし、投資家が受けた損害額の立証を容易にしています。

◉ 発行開示書類（有価証券届出書）に虚偽記載等があった場合

有価証券の発行者は、有価証券届出書に虚偽記載等（虚偽の記載をするか、重要な事実の記載が欠けていること）があった場合は、有価証券を取得した投資家に対して損害賠償責任を負います。ただし、有価証券届出書への虚偽記載等を知っていた投資家に対しては、発行者は損害賠償責任を負いません。

発行者に過失（落ち度）がないとしても、有価証券に虚偽記載等があれば、発行者は損害賠償責任を負います（無過失責任）。その際、投資家が有価証券を取得するために支払った金額から、損害賠償を請求した時点での有価証券の市場価格を差し引いた金額が、投資家が発行者に支払請求ができる損害賠償の額となります。ただし、発行者が虚偽記載等とは関係のない有価証券の価値の下落分を証明すれば、その下落分は損害賠償の額から減額されます。

有価証券届出書に虚偽記載等があった場合には、発行市場での有価証券の取得者だけではなく、流通市場での有価証券の取得者に対しても、発行者は損害賠償責任を負います。

さらに、虚偽記載等に関しては、発行者の役員（取締役、執行役、監査役など）、有価証券届出書の財務計算に関する書類について監査証明をした公認会計士・監査法人なども、投資家に対して損害賠償責任を負います。ただし、発行者の場合は無過失責任を負うのに対して、役員などの場合は、虚偽記載等を知らず、かつ、相当の注意をしたのに知ることができなかったこと、公認会計士・監査法人の場合は、監査証明をしたことにつき故意・過失がなかったこと、を証明すれば損害賠償責任を負いません（過失責任）。

◉ 発行開示書類（目論見書）に虚偽記載等があった場合

有価証券の発行者や目論見書を作成した際の発行者の役員は、目論見書に虚偽記載等があった場合、目論見書を受け取って有価証券を取得した投資家に対して損害賠償責任を負います。損害賠償責任の要件などは、上記の有価証券届出書の場合と同じです。

さらに、目論見書は投資家に直接手渡される書類であるため、目論見書に虚偽記載等があれば、投資家は間違った投資により損害を受けてしまいます。そのため、目論見書に虚偽記載等があった場合は、発行者やその役員の他、目論見書を使用して有価証券を投資家に取得させた者（証券会社など）も損害賠償責任を負います（次ページ図）。ただし、虚偽記載等がある目論見書を使用して有価証券を取得させた者は、発行者の役員と同様に、虚偽記載等を知らず、かつ、相当の注意をしたのに知ることができなかったことを証明すれば、損害賠償責任を負いません（過失責任）。

また、投資家に有価証券を取得させる際には、目論見書以外の資料を提供して勧誘を行うことがありますが、目論見書以外の資料に虚偽の表示を行い、または誤解を招く表示を使うことが禁止されています。目論見書以外の資料に虚偽記載等を行った場合も、有価証券を投資家に取得させた者は、投資家に対して損害賠償責任を負います。

◉ 継続開示書類に虚偽記載等があった場合

有価証券報告書などの継続開示書類に虚偽記載等があり、これらの書類が誰でも閲覧できる状態である間に、投資家が流通市場において有価証券を取得した場合、有価証券の発行者は、その投資家に対して損害賠償責任を負います。

誰でも閲覧できる状態にある書類に虚偽記載等があれば、流通市場ではこの虚偽記載等を参考にして有価証券の価格が決まります。そのため、流通市場で有価証券を取得した投資家は、虚偽記載等の影響を受けた価格で有価証券を取得したことになるので、虚偽記載等により損害を受けたと評価することができます。

そして、損害賠償責任の要件などに関しては、有価証券の発行者であるか、その役員などであるかによって異なります。

①　有価証券の発行者の責任

有価証券の発行者は、虚偽記載等について故意・過失がなかっ

■ 虚偽記載等があった場合の民事責任

虚偽記載等があった書類		損害賠償責任を負う者
有価証券届出書 （募集・売出しを行った場合）	➡	発行者、役員、 公認会計士・監査法人
目論見書	➡	発行者、役員、 証券会社 など
有価証券報告書	➡	発行者、役員、 公認会計士・監査法人

たことを証明しない限り、損害賠償責任を負います（発行開示書類の場合とは異なり過失責任です)。

虚偽記載等による損害額については、虚偽記載等の事実が公表された日（公表日）前１年以内に有価証券を取得し、公表日において引き続きその有価証券を所有する者は、公表日前１か月間の有価証券の価格の平均額から、公表日後１か月間の有価証券の価格の平均額を差し引いた金額を損害額とすることができます（損害額の推定規定)。虚偽記載等が公表されたことで有価証券の価格は下落するので、その下落分の金額が損害額とされています。ただし、虚偽記載等以外の事情で有価証券の価格が下落した場合には、その分は損害賠償額から差し引かれます。

また、有価証券の発行者の賠償責任額には上限があります。具体的には、投資家が有価証券を取得するために支払った金額から、損害賠償請求時の有価証券の市場価格（損害賠償請求時に有価証券を売却していた場合には売却価格）を差し引いた金額が、発行者の賠償責任額の上限となります。

②　有価証券の発行者の役員などの責任

有価証券報告書に虚偽記載等があり、それにより投資家が損害を受けた場合、有価証券の発行者の役員や財務計算に関する書類について監査証明をした公認会計士や監査法人は、投資家に対して損害賠償責任を負います。ただし、役員の場合は、虚偽記載等を知らず、かつ、相当の注意をしたのに知ることができなかったこと、公認会計士・監査法人の場合は、監査証明をしたことにつき故意・過失がなかったこと、を証明すれば損害賠償責任を負いません（過失責任)。

また、内部統制報告書や半期報告書、臨時報告書などに虚偽記載等がある場合にも、役員や公認会計士・監査法人は、同様に投資家に対して損害賠償責任を負います。

◉ どんな場合に刑事上の責任を負うのか

開示書類（有価証券届出書・有価証券報告書など）の重要事項の虚偽記載をした者や、開示書類を提出して行うべき行為を提出せずに行った者には刑事罰が科されます。また、違反者に対する刑事罰とは別に、違反者が所属する法人にも罰金刑が科されます（両罰規定）。

◉ 元引受人が免責される場合とは

元引受人とは、有価証券の発行者との間で契約（元引受契約）を締結して、発行される有価証券の引受けを行う金融商品取引業者等のことです。元引受人は売れ残った有価証券を引き取ることになるため、売れ残りが発生した場合には、資金が手に入らないというリスクを元引受人が負担することになる結果、有価証券の発行者は確実に資金を調達することができます。

金融商品取引法では、虚偽記載等がある有価証券届出書が提出された場合、元引受人も民事責任を負うことが規定されています。元引受人は有価証券やその発行者について審査を行い、発行者の経営状態を知ることができる立場にあるからです。

ただし、虚偽記載等を知らなかったこと（財務書類以外の部分は、相当の注意をしていたにもかかわらず、虚偽記載等を知るこ

■ 開示書類の虚偽記載などに対する刑事上の責任

重要事項に虚偽記載がある開示書類を提出した場合

↓

行為者については10年以下の懲役
または1000万円以下の罰金
法人については７億円以下の罰金

開示書類を提出して行うべき行為を提出せずに行った場合

↓

行為者については５年以下の懲役
または500万円以下の罰金
法人については５億円以下の罰金

とができなかったこと）を証明すれば損害賠償責任を免れます。

◉ 虚偽記載等と損害額の推定規定

前述したように、有価証券報告書などに虚偽記載等があった場合には、損害額が推定されます（100ページ）。ただし、損害額の推定規定を使って損害賠償請求ができるのは、有価証券の発行者を相手にするときだけです。役員や公認会計士等を相手とする場合は、虚偽記載等によって生じた損害を立証する必要があります。また、損害額の推定規定で定められた額を超える額の損害賠償を請求する場合にも、損害額についての立証が必要です。

なお、虚偽記載等と損害との関係については、①虚偽記載等によって本来であれば支出しなかったものに支出したことを損害と見る考え方と、②虚偽記載等によってつりあげられた価格で有価証券を取得したことを損害と見る考え方があります。

◉ 損害額の推定規定と公表

損害額の推定規定を使って損害賠償請求を行う場合、公表日前後の１か月間の市場平均価額を基準として損害額を算出するので（100ページ）、「公表」がいつの時点であったのかは重要な事柄です。

金融商品取引法では、有価証券報告書などの提出者等（有価証券の発行者など）によって虚偽記載等がなされた重要な事実を、多数の人が知ることができる状態に置かれたことが「虚偽記載等の事実の公表」にあたります。

公表の方法については、公衆縦覧に供する方法、金融商品取引所の適時開示システムを利用する方法、記者会見を利用する方法などが挙げられます。その他、検察官が複数の報道機関の記者に対して、報道を前提として情報を伝達するのも「公表」に該当します。

Q 適時開示とはどんな制度なのでしょうか。

A 会社の情報は、有価証券報告書や半期報告書によって、事業年度の終わりや半期の終わりに定期的に開示されます。しかし、常に変化する会社の情報を適切に投資家に届けるには、有価証券報告書や半期報告書による定期的な開示だけでは不十分です。

そのため、金融商品取引所は、金融商品取引法上の情報開示とは別に、独自に適時開示制度を設けています。**適時開示制度**とは、証券市場で取引の対象になる有価証券の発行者に義務付けている情報の開示制度のことです。

適時開示制度は、金融商品取引所に上場している会社（上場会社）に課せられる義務です。

東京証券取引所は、適時開示規制（上場有価証券の発行者の会社情報の適時開示等に関する規則）に基づき、上場会社に対して、投資者の投資判断に重要となる会社情報（たとえば、企業が決定した事実や、企業に発生した重要な事実など）が発生した場合には、その情報を直ちに開示することを義務付けています。

上場会社は、決算の内容が定まった場合には、決算書類を速やかに開示する必要があります。

また、上場会社がまだ開示をしていない会社情報であっても、取引所がその会社情報について照会を行った場合には、その会社は直ちにその会社情報を公表しなければなりません。

この他にも、取引所は、適時開示を行わなかった会社に対し、その経緯や改善措置を記載した改善報告書の提出を求めることができます。上場会社は、取引所から求められた場合には速やかに改善報告書を提出しなければなりません。

10 上場会社による公平な情報開示について知っておこう

未公表情報を特定の第三者に伝達した場合の公表義務が課されている

◉ 公平な情報開示の必要性

これまで述べた情報の開示規制は、上場会社等が、特定の証券アナリストや一部の投資家に対して、未公表の業績に関する情報を提供することを禁ずるものではありません。しかし、このような情報の提供行為は、他の投資家にとっては不公平なものといえます。

欧米などの主要市場では、企業が未公表の決算情報などの重要な情報を証券アナリストなどに提供した場合、速やかに他の投資家にも公平に情報提供することを求める「フェア・ディスクロージャー・ルール」（FDルール）が導入されており、日本も、すべての投資家が安心して取引できる市場環境を整備するべく、金融商品取引法においてFDルールを導入しています。

FDルールによって、インサイダー取引を防止することに加えて、いわゆる「早耳情報」に基づく短期的な売買ではなく、公平に開示された情報に基づく中長期的な視点に立った投資を促すことなどが期待されています。

◉ フェア・ディスクロージャー・ルールの概要

金融商品取引法では、上場会社等が、その業務に関して、公表されていない重要情報を特定の第三者（特定の証券アナリストや投資家など）に伝達する場合、当該重要情報をWebサイト（ホームページ）などで公表することが義務付けられています（公表義務）。

公表の時期については、意図的な伝達の場合は、その伝達と同時に公表することが必要であるのに対し、意図的でない伝達の場合は、その伝達後速やかに公表することが必要です。

そして、公表義務の対象となる「重要情報」とは、上場会社等の運営、業務、財産に関する公表されていない重要な情報であって、投資者の投資判断に重要な影響を及ぼすものを指します。

ただし、未公表情報の受領者が、上場会社等に対して守秘義務および投資判断に利用しない義務を負う場合、当該情報の公表は不要であるとの例外があります。

◉ 公表義務に従わない場合

FDルールに従わず、上場会社等が公開されていない重要情報の公表義務に違反している場合、内閣総理大臣は、当該上場会社等に適切な措置をとるように指示することができます。

この指示に正当な理由なく従わない場合には、適切な措置をとるように命令することができます。そして、この命令にも従わないと罰則（刑事罰）の対象となります。

■ フェア・ディスクロージャー・ルール ……………………………

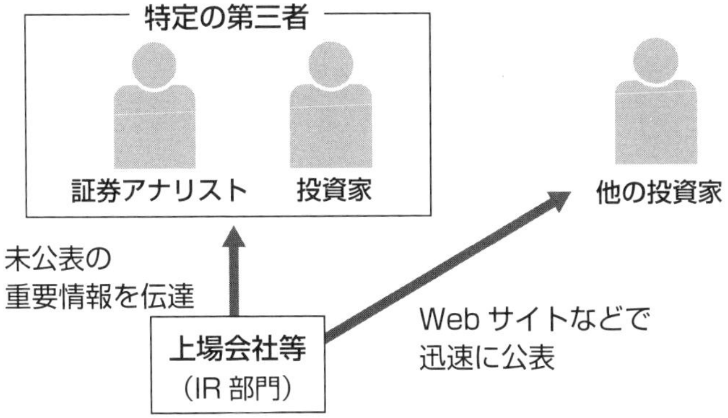

Column

金融商品取引法とM&Aとの関係

金融商品取引法は、大量買付報告と公開買付の事実の開示を義務付けています。これにより企業買収が透明化し、一般投資家から見ても、M＆Ａの透明性が図られることになります。

企業の経営権の獲得をめざす場合、その進捗状況は大量保有報告によって開示されます。また、意見表明報告（138ページ）などによって、公開の場で買収の対象となった会社の経営について、現経営陣と買付者との間で議論が行われます。

このような公開討論を通じた企業買収が行われれば、現経営陣に対してゆすり行為を行うようなグリーンメーラー（多くの株式を保有することで経営陣に圧力をかけ、経営陣に対して自分の株式を買い取るよう迫る敵対的買収者のこと）が買収を試みたとしても、そのことを一般の株主が把握することができます。グリーンメーラーは企業の経営に関するビジョンを持っていないので、現経営陣と公開討論を行えば、そのことが一般の株主にもわかります。そのため、現経営陣と買収者との公開討論を行うことには、グリーンメーラーを排除する効果があるといえます。

また、有価証券の公正な価格形成を図るために、金融庁は、大量保有報告書の不提出が疑われる場合には、関係者からヒアリングを行う、情報提供窓口に大量保有報告制度の概要を添付する、悪質な事案については証券取引等監視委員会に情報提供を行うなどの方針を打ち出しています。

しかし、公開討論などを通じて公正で透明性のある企業買収を行えるかどうかは、情報開示制度を適切に整備・強化すると共に、監視者である一般の投資家の判断能力によるところが大きいといえます。

第４章

金融商品取引業と規制

1 金融商品取引業について知っておこう

有価証券の取扱い・助言・運用などを行う

◉ 金融商品取引業とその区分

金融商品取引法では、証券会社など、金融商品に関する一定の行為を業として行うことを「金融商品取引業」としており、金融商品取引業を行う者は、内閣総理大臣の登録を受ける必要があるとされています。この登録を受けた者は、「金融商品取引業者」と呼ばれます。

金融商品取引法において、金融商品取引業は、①第一種金融商品取引業、②第二種金融商品取引業、③投資助言・代理業、④投資運用業の４つに分けられています。

第一種金融商品取引業とは、有価証券の売買や市場デリバティブ取引、これらの媒介・取次・代理、有価証券の募集・売出しの取扱いなどの行為等を業として行うことです。

第二種金融商品取引業とは、集団投資スキーム持分など一定の有価証券の募集や、みなし有価証券（41ページ）など市場の流通性が低い証券の取扱いなどの行為等を業として行うことです。

投資助言・代理業とは、投資顧問契約に基づき有価証券に関する知識が少ない投資家に対する助言や、投資顧問契約や投資一任契約の締結の代理や媒介の行為等を業として行うことです。

投資運用業とは、投資一任契約に基づく投資家の財産の運用などをの行為等を業として行うことです。たとえば、投資信託の信託財産を運用する業務などが投資運用業に該当します。

◉ どんな業務を行うのか

第一種金融商品取引業者と投資運用業者は、第二種金融商品取引業者と投資助言・代理業者と比べて国民に与える影響が大きい業務を行っているため、付随業務や兼業が規制されています。

まず、第一種金融商品取引業者と投資運用業者は、届出または承認がなくても、以下の付随業務を行うことができます。

- 有価証券の貸借またはその媒介・代理
- 金融商品取引法に規定する信用取引に付随する金銭の貸付け
- 顧客から保護預りをしている有価証券を担保とする金銭の貸付け（内閣府令で定められているもの）
- 有価証券に関する顧客の代理
- 投資信託委託会社の有価証券に関する収益金の支払等の業務の代理
- 投資法人の有価証券に関する金銭の分配等の業務の代理
- 累積投資契約の締結（内閣府令で定めるもの）
- 有価証券に関連する情報の提供や助言
- 他の金融商品取引業者等の業務の代理
- 登録投資法人の資産の保管
- 他の事業者の事業の譲渡、合併等の相談や仲介を行うこと
- 他の事業者の経営に関する相談に応じること
- 通貨その他デリバティブ取引に関連する資産の売買や媒介等
- 譲渡性預金や金銭債権の売買またはその媒介等
- 特定資産に対する投資としての運用財産の運用等

また、第一種金融商品取引業者と投資運用業者は、内閣総理大臣への届出によって、以下の業務（兼業業務）を行うことができます。

・商品市場における取引等に係る業務
・商品の価格変動等を利用して行う取引として内閣府令で定めるものに関わる業務
・貸金業等に関わる業務
・宅地建物取引業等に関わる業務
・不動産特定共同事業
・商品投資等や得られる収益の予測が困難な物品として政令で定めるものの取得等により、他人のために財産の運用を行う業務
・有価証券やデリバティブ取引に関する権利以外の資産に対する投資として、運用財産の運用を行う業務
・その他内閣府令で定める業務

以上に対し、第一種金融商品取引業者と投資運用業者は、上記で列挙した付随業務や兼業業務に該当しない業務を行うには、内閣総理大臣の承認が必要です。

一方、第二種金融商品取引業者または投資助言・代理業者のみを行う業者に対しては、兼業について特に規制は行われていません。ただし、登録を受けた金融商品取引業以外の業務を行おうとする際には、個別の法律が定める登録・免許などが必要になる場合があります。

■ 金融商品取引業の分類

第一種金融商品取引業 投資運用業	第二種金融商品取引業 投資助言・代理業
付随業務や兼業業務以外の業務を行うには承認が必要	兼業に関する規制なし (必要に応じ登録・免許を取得)

2 金融商品取引業の登録と開業規制について知っておこう

内閣総理大臣への申請が必要である

◉ 登録を申請するために必要なこと

金融商品取引業を行う場合には、内閣総理大臣に申請書を提出して登録を受ける必要があります。登録を認める場合、内閣総理大臣は、商号・登録年月日などを金融商品取引業者登録簿に登録します。この登録簿は誰でも閲覧できる状態に置かれます（公衆縦覧）。

登録が認められるには、**登録拒否事由**がないことが必要です。４種類の金融商品取引業に共通する登録拒否事由としては、金融商品取引業の登録を取り消されてから５年が経過していないこと、金融商品取引法等に違反して罰金刑を科されてから５年を経過していないことなどがあります。

その他、４種類の金融商品取引業ごとに異なる登録拒否事由があります。特に、第一種金融商品取引業については、登録のために厳しい条件が課されています。第一種金融商品取引業の登録を行うために必要な条件は、財務に関する条件と主要株主に関する条件の２つに分けることができます。

・財務に関する条件

財務に関する条件として、第一種金融商品取引業の登録が認められるためには、資本金や純資産額が政令で定める一定の金額を上回ることが必要です。

また、自己資本規制比率が120％を下回る場合は、第一種金融商品取引業の登録ができません。自己資本規制比率は「自己資本の額（固定的な資産を除いた自己資本の額）÷リスク相当額（リスクに対応するため必要な金額）×100」で求められます。第一種金融商品取引業者は、自己資本規制比率を算出して、毎月末に内閣総理大臣に届け出ます。内閣総理大臣は、自己資本規制比率が120％を下回ると、財産の供託などを命じることができます。自己資本規制比率が100％を下回ると、内閣総理大臣は、業務停止を命じることができ、状況が回復する見込みがなければ、登録を取り消すこともできます。

・主要株主に関する条件

主要株主とは、金融商品取引業者の総株主等の議決権の20％以上を保有している者を指します。主要株主に関する条件として、主要株主となった者は、議決権保有割合などの事項を記載した届出書を内閣総理大臣に提出する必要があります。この届出書には、金融商品取引業の登録拒否事由に該当しないことを誓約する書面などを添付しなければなりません。

◉ 複数の業務を行う場合はどうするか

金融商品取引業を行う者が、複数の登録にまたがる業務を行う場合には、それぞれの業種の登録を別々に行うのではなく、1回の登録申請時に複数の業務を行う者として1つの登録を受ければよいことになっています。

■ 登録が認められている金融商品取引業者 ……………………

	組織形態	最低資本金	自己資本規制比率
第一種金融商品取引業	株式会社のみ	5000万円	あり
第二種金融商品取引業	個人でもよい	法人は1000万円 個人は営業保証金として1000万円	なし
投資助言・代理業	個人でもよい	営業保証金として500万円	なし
投資運用業	株式会社のみ	5000万円	なし

3 登録金融機関について知っておこう

有価証券関連業務や投資運用業に関する一定の行為を行うことができる

◉ 金融機関が有価証券関連業などを行うことは原則禁止

銀行、協同組織金融機関、保険会社などの金融機関は、原則として、有価証券関連業（32ページ）や投資運用業を行うことができません。ただし、金融機関が子会社を通じて有価証券関連業を行うことは可能です。

金融商品取引法が金融機関による有価証券関連業や投資運用業を原則禁止している理由は２つあります。

１つは、金融機関が有価証券関連業を行うことで、金融機関の財産状態が悪化してしまう可能性がある点です。金融機関の財産状態が悪化すると、預金者が不利益を受けてしまいます。

もう１つは、金融機関としての業務により生まれる利益と、有価証券関連業により生まれる利益が対立してしまう可能性がある点です。２つの利益が対立すると、一方の顧客の利益を犠牲にして、もう一方の顧客の利益を図ろうとする可能性が出てくるからです。

◉ 登録金融機関

銀行、協同組織金融機関、保険会社などの金融機関などであっても、内閣総理大臣の登録を受けることで、前述の有価証券関連業や投資運用業のうち、一定の行為や書面取次ぎ行為を行うことが可能となります。この登録を受けた金融機関は「登録金融機関」と呼ばれます。

◉ 登録金融機関としての登録手続きについて

金融機関が登録の申請を行った場合、登録拒否事由がない限り、内閣総理大臣は金融機関登録簿に登録を行います。この手続きによって登録された金融機関が**登録金融機関**です。

登録金融機関が行うことができる有価証券に関連する業務には、書面取次行為と一定の有価証券関連業などがあります。

書面取次行為とは、顧客から書面による注文を受けて、有価証券の売買や有価証券関連デリバティブ取引を行うことです。たとえば、金融機関が単に顧客の注文を受けて有価証券の売買などを行うことが許されます。しかし、顧客への勧誘に基づいて、その顧客から注文を受けることや、顧客に投資に関する助言を行った後、その顧客の注文を受けることなどはできません。

一定の有価証券関連業については、国債証券など安全度が高い公共の債権について、売買、売出し、募集・売出しの取扱いなどができます。他にも、投資信託の受益証券について、売買、募集の取扱いなどもできます。これらの有価証券を金融機関が取り扱うことで、投資家による有価証券の購入・売却が容易になります。

◉ 金融商品取引業者等について

金融商品取引法では、金融機関登録簿に登録された登録金融機関は、金融商品取引業者と併せて「金融商品取引業者等」と呼ばれ、金融商品取引業者等に対する規定の適用を受けます。

適用される規定には、名義貸しの禁止、金融商品取引契約の締結・勧誘にかかる禁止行為、損失補てんの禁止などが含まれます。

4

金融商品仲介業について知っておこう

金融商品仲介業を行うには内閣総理大臣の登録が必要である

◉ 金融商品仲介業とは

証券市場を活発にするためには、投資に参加しやすい環境を整備することが必要です。しかし、投資に慣れていない個人が、単独で投資に参加することは簡単ではありません。

そこで、金融商品取引法は、**金融商品仲介業**という制度を設けています。金融商品仲介業とは、証券会社などの金融商品取引業者（第一種金融商品取引業者または投資運用業者に限る）または登録金融機関の委託を受けて、有価証券の売買の媒介や、有価証券の募集・売出しの取扱い、有価証券の私募などを、その金融商品取引業者または登録金融機関のために行う業務のことです。

金融商品仲介業者は、複数の業者から委託を受けることができると共に、契約成立のための媒介（仲介）のみを行い、自ら契約の当事者になることはできません。

◉ 登録制度と業務の規制について

金融商品仲介業者の業務は、本来ならば証券会社など（金融商品取引業者等）の業務であるため、投資家保護の観点から、金融商品仲介業を行う際には内閣総理大臣の登録が必要です。また、金融商品仲介業者が広告を行う場合は、次の事項の表示が必要です。

・金融商品仲介業者の商号、名称、氏名
・金融商品仲介業者であることと金融商品仲介業者の登録番号
・顧客の判断に影響を及ぼすものとして政令で定めるもの

さらに、金融商品仲介業者は、金融商品仲介業に該当する行為（金融商品仲介行為）をする場合には、顧客に対して所属金融商品取引業者等の代理権がないことなどを伝えなければなりません。

金融商品仲介業者の禁止事項として、自分の名義を他人に利用させることが禁止されています（名義貸しの禁止）。名義貸しを認めると、顧客が損害を受けた際の責任の所在が不明確になるからです。

また、金融商品仲介業者は、顧客から金銭や有価証券の預託を受けること（金銭や有価証券を一時的に預かること）も禁止されています。金融商品仲介業者の業務は取引の媒介にとどまるのであって、金銭や有価証券の預託を受ける必要はないからです。

◉ 損害賠償責任を負う場合とは

所属金融商品取引業者等は、金融商品仲介業者が顧客に対して加えた損害を賠償する責任を負います。所属金融商品取引業者等は、金融商品仲介業者を利用して顧客を拡大しているので、金融商品仲介業者の行為により顧客が損害を受けた場合には、所属金融商品取引業者等も損害賠償責任を負うものとしています。

ただし、所属金融商品取引業者等が、金融商品仲介業者への委託に関して相当の注意して損害の発生防止に努めていた場合、所属金融商品取引業者等は損害賠償責任を負いません（過失責任）。

■ 金融商品仲介業のしくみ

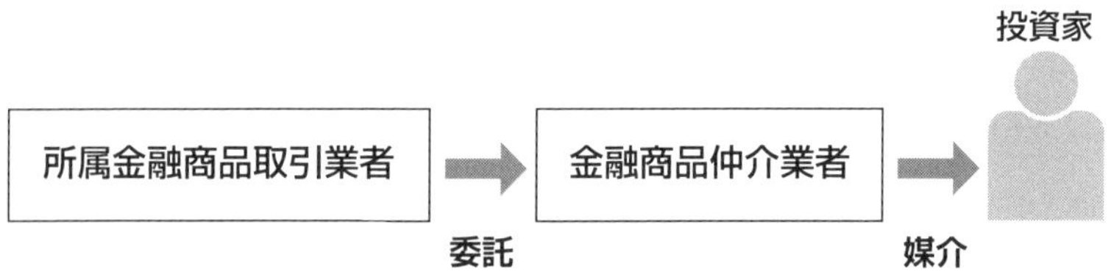

5 顧客に対しての義務と規制について知っておこう

顧客に対する様々な義務や禁止行為がある

◉ 顧客に対する誠実公正義務

金融商品取引業者等やその役員・従業員は、顧客に対して、誠実かつ公正に業務を遂行する義務を負っています。これを**誠実公正義務**といいます。誠実公正義務の違反は行政処分の対象となりますが、罰則の対象とはなりません。誠実公正義務の具体的内容としては、適合性の原則や最良執行義務があります。

・適合性の原則

金融商品取引業者等は、顧客を勧誘する際に金融商品の説明を行います。しかし、説明を行ったとしても、金融商品を購入することのリスクが高すぎる場合や、金融商品の取引経験が乏しい場合などは、顧客に対して金融商品を勧誘するべきではありません。これらの場合には、金融商品取引業者等は顧客に対する説明を尽くしたとしても、顧客に金融商品を勧誘することは禁止されると考えられています。これを適合性の原則といいます。適合性の原則に反して金融商品を勧誘した場合、金融商品取引業者等は、行政処分の対象となる他、顧客に対して損害賠償責任を負う可能性があります。

・最良執行義務

顧客が注文した有価証券が、複数の市場で取引されていることがあります。この場合、金融商品取引業者等は、顧客にとって最も有利な条件で、顧客のための取引を行うことが必要です。このような金融商品取引業者等の義務のことを最良執行義務といいます。金融商品取引業者等は、最良の取引条件で取引するための方針や方法（最良執行方針等）を定めて、これを公表する必要があります。

◉ 説明義務

顧客が投資判断をする際、金融商品取引業者等は、金融商品の内容や投資リスクについて顧客が理解できるように、十分な説明をする必要があります。金融商品取引業者等と一般の投資家との間には、投資リスクに関する情報量などに大きな差があります。そのため、金融商品取引業者等は、投資家に対して、十分な情報を提供しなければなりません。これを**説明義務**といいます。投資家が投資リスクなどについて十分な説明を受けていることが、投資によって生じる損失を投資家が自ら負担する根拠になると考えられています。

また、金融商品取引業者等が、顧客に対して投資の勧誘をする際には、断定的な判断を提供することが禁止されています。たとえば、株式の勧誘に際して「この株式の価格は間違いなく上昇します」などと述べることは、断定的判断の提供に該当します。

そして、金融商品取引業者等は、適合性の原則に従って勧誘することが必要です。具体的には、顧客の投資型商品の利用歴、資産の額、マーケットに対する理解度などを考慮して、顧客に勧める金融商品を決めなければなりません。さらに、金融サービス提供法によって、金融商品取引業者等は、金融商品の販売に際して、重要事項を説明する義務も負っています。たとえば、金融商品に元本割れのリスク（価格変動リスク）があることは重要事項なので説明しなければなりません。

◉ 書面交付義務（情報提供義務）について

金融商品取引業者等は、顧客と契約を締結する際に、①金融商品取引業者等の商号、②締結しようとしている契約の概要、③顧客が支払う手数料、④市場リスクに関する事項等などを記載した書面を顧客に渡す必要があります。これを**書面交付義務**といいます。

また、投資家に書面を渡したとしても、投資家が書面の内容を理解できなければ意味がないため、金融商品取引業者等には、投資家に対して書面内容の説明義務が課されています。

◉ 広告規制と手数料の開示

金融商品取引業者等が広告をする際は、以下の事項を表示する必要があります。また、パンフレットの配布や電子メールの送信など、多数の者に情報提供を行う場合（広告類似行為）についても、同様に以下の事項を表示しなければなりません。

・金融商品取引業者等の商号、名称、氏名
・金融商品取引業者等であることや登録番号
・顧客の判断に影響を及ぼす重要なものとして政令で定めるもの

広告規制があることで、事実に反した広告により投資家が損害を受ける事態を防止できます。また、広告の中の投資リスクに関する表示については、他の文字と比べて著しく小さい文字を使うことはできません。広告規制に違反した者は、6か月以下の懲役もしくは50万円以下の罰金、またはその両方が科されます。

なお、投資に関する情報を十分に保有している特定投資家は、自分で投資判断をすることが可能なので、特定投資家に対して広告をする場合は広告規制が適用されません（119ページ）。

◉ 顧客に対する勧誘規制

勧誘規制には、不招請勧誘の禁止と再勧誘の禁止があります。**不招請勧誘の禁止**とは、勧誘の要請をしていない顧客に対して、訪問や電話などによる勧誘を禁止することです。たとえば、断りもなく顧客の自宅や会社に電話をかけたり、実際に押しかけることが該当します。一方、**再勧誘の禁止**とは、取引を行わないことの意思を表示した顧客に対する勧誘を禁止することです。

6 外務員やプロの投資家に対する規制について知っておこう

外務員として業務をするためには登録する必要がある

◉ 外務員はどんな仕事をしているのか

金融商品取引業者等の役員や従業員のうち、有価証券等に関連した一定の業務を行う者のことを外務員（証券外務員）といいます。具体的には、有価証券の売買、市場デリバティブ取引、これらの行為の代理・媒介、有価証券の募集・売出しの取扱いなどの業務を行います。外務員は、勧誘員・販売員・外交員という名称で呼ばれることもあります。

外務員は、金融商品取引業者等に代わって、有価証券等に関連した一定の業務について、一切の裁判外の行為を行う権限をもっているとみなされます。投資家を保護するため、登録されていない外務員の行為についても、投資家と金融商品取引業者等との間で取引が行われたとみなされます。

金融商品取引業者等は、原則として、外務員の行為について責任を負います。ただし、外務員に金融商品取引業者等の代わりに

■ 外務員・顧客・金融商品取引業者等の関係 ……………………

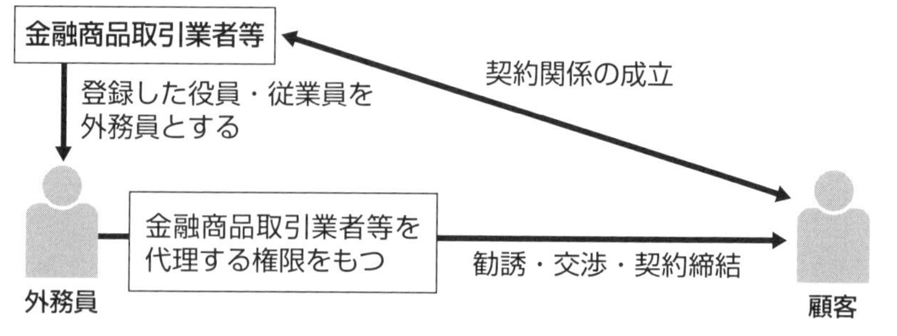

取引をする権限がないことを投資家が知っていた場合には、金融商品取引業者等は外務員の行為について責任を負いません。

金融商品取引業者等は、外務員となる者を外務員登録原簿に登録しなければならず、登録を行っていない者に対して、外務員としての職務を遂行させることができません。

金融商品取引業者等は、内閣総理大臣に必要書類を提出することで外務員の登録を行います。外務員の登録を取り消された日から5年を経過していないなどの登録拒否事由がない限り、内閣総理大臣は、外務員の氏名・生年月日などを外務員登録原簿に登録します。

◉ プロの投資家（特定投資家）とは

金融商品取引法によって、投資家保護のために様々な規制が行われています。しかし、金融商品取引法による規制の一部は、金融商品取引に関する知識を十分に持ち合わせているプロの投資家を相手とした取引の場合には適用されません。この「プロの投資家」のことを**特定投資家**といいます。

プロの投資家は、投資に関する専門的な知識を有していますから、専門的な知識を有していない一般の投資家と同じように保護する必要はありません。プロの投資家を相手とした取引をする際に規制が行われないとすることで、金融商品取引業者等の負担を軽減することができます。

たとえば、適格機関投資家（73ページ）、国、日本銀行、上場会社が特定投資家に該当します。また、上場していないとしても、資本金が5億円以上の会社は特定投資家に該当します。個人の場合は、純資産や投資資産が3億円以上であり、取引経験があるなどの一定の要件を満たす場合に特定投資家になります。

◉ 金融商品取引法の適用が除外される場合がある

特定投資家を相手に取引する場合のうち、以下の規制や義務などが金融商品取引法の適用が除外される場面の一例になります。

- 広告等の規制
- 顧客の勧誘受諾意思の確認義務
- 再勧誘の禁止
- 適合性の原則
- 取引態様の事前の明示
- 契約締結前、契約締結時の書面交付義務
- 保証金受領の際の書面交付義務
- 最良執行方針等を記載した書面の事前交付義務
- 顧客の有価証券を担保にすることの規制
- 金銭や有価証券の預託の受入れの禁止
- 金銭や有価証券の貸付けの禁止
- 運用報告書の交付義務

特定投資家は投資のプロであるため、投資に関して豊富な情報を有しており、情報を入手できないことで予想外の損害を被っても、それは自己責任であると考えることができます。そこで、上記で列挙した義務や規制などについては、特定投資家が取引の相手となる場合には適用されません。

ただし、特定投資家から問い合わせがあった場合に、金融商品取引業者等が速やかに回答できる体制を整備しておくことは必要です。また、特定投資家であっても、一般投資家としての保護が必要な場合には、一般投資家に移行することができると共に、一般投資家から特定投資家に移行することもできます。

Q なぜ高速取引行為者には登録制が導入されているのでしょうか。

A 高速取引行為とは、有価証券の売買または市場デリバティブ取引や、それらの取引の委託、政令指定行為のいずれかであって、当該取引・行為を行うことについての判断（取引の発注・変更・取消しなど）を、コンピューターによって高速かつ自動的に行う金融取引のことです。

取引システムの高度化に伴い、株式などの高速取引（HFT）の実態を国が確認できるようにするため、高度取引行為をする者（高度取引行為者）については、金融商品取引業者と同じく登録制が導入されています（55ページ）。

登録のための要件（登録拒否事由）としては、資本金や純財産額に関する要件の他、高速取引行為を行う上での人的構成も含めた業務管理体制の整備などが挙げられます。

高度取引行為者には、業務管理体制の整備、名義貸しの禁止、業務に関する帳簿書類の作成と保存、事業年度ごとの事業報告書の作成と提出、以下の状況に該当しないような業務運営、などが義務付けられています。

- 高速取引行為に用いる電子情報処理組織などについて、電子情報処理組織の異常な動作その他の事由により、金融商品市場の機能の十全な発揮に支障を及ぼさないようにするための管理が十分でないと認められる状況
- 上記の他、業務の運営の状況が公益に反し、または投資者の保護に支障を生ずるおそれがあるものとして内閣府令で定める状況

Q 金融サービス提供法とはどんな法律なのでしょうか。金融商品販売業者にはどんな義務があるのでしょうか。

A 金融サービス提供法は、金融商品取引法と同様に、顧客（投資家）の保護を目的とした法律で、正式名称は「金融サービスの提供に関する法律」といいます。

金融サービス提供法は、金融商品の販売や勧誘による被害から顧客を保護するため、重要事項の説明や勧誘方針の公表などを、金融商品販売業者に義務付けています。同法では、預金、保険、有価証券、抵当証券、商品ファンド、不動産ファンド、金融先物取引、オプション取引、暗号資産（仮想通貨）など、ほぼすべての金融商品を規制対象としています。

●重要事項の説明義務

金融サービス提供法では、金融商品販売業者が、金融商品の販売前に、顧客に対して重要事項の説明を行うことを義務付けています。ただし、顧客が重要事項の説明は不要であるとの意思を表明したときは説明不要ですが、この例外として、金融関連の市場デリバティブ取引を扱う際には、顧客が重要事項の説明は不要であるとの意思を表明しても、金融商品販売業者は重要事項を説明しなければならないことになっています。

そして、顧客に説明すべき主な重要事項として、市場リスク、信用リスク、権利行使期間の制限があります。

市場リスクとは、金利や有価証券市場における相場などの変動によって損失が生じるおそれがあることです。信用リスクは、金融商品販売業者の業務や財産状況の変化を原因として元本割れが生じるリスクのことをいいます。

権利行使期間の制限とは、文字どおり権利を行使できる期間が限られていることをいいます。

●説明義務に違反した場合はどうなる

重要事項の説明を行わなかった場合には、金融商品販売業者は、これによって顧客に生じた損害を賠償する責任を負います。

顧客の損害額は元本欠損額であると推定されます。元本欠損額とは、顧客が金融商品を購入する際に支払った金額よりも、受け取った金額が少ない場合における両者の差額をいいます。たとえば、重要事項の説明がない状態で顧客が200万円の有価証券を購入したが、その有価証券を売却した金額と配当金額を合わせても150万円にしかならなかったとすると、元本欠損額は50万円になり、これが顧客の損害額であると推定されます。

通常、民法の不法行為を理由として損害賠償請求をする場合には、損害額や相手方の故意・過失などを立証する必要があります。しかし、金融サービス提供法の規定によって、顧客は、金融商品販売業者から販売前に重要事項の説明を受けなかったことと、元本欠損額を立証すれば、金融商品販売業者の故意・過失などを立証しなくても、損害賠償請求ができるようになります。

■ 金融サービス提供法のしくみ

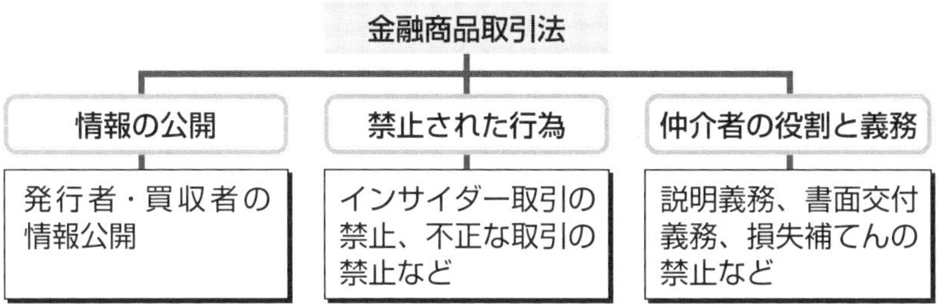

7 金融商品取引業者等の禁止行為

不当勧誘や投資家の損失を補てんすることなどは原則として禁止されている

◉ どんな行為が禁じられているのか

金融商品取引業者等（金融商品取引業者または登録金融機関）によって不当な勧誘が行われると、投資家の投資判断に悪影響が及びます。また、不当な勧誘が行われることで、金融商品取引業に対する投資家の信頼が損なわれます。そこで、金融商品取引法は、金融商品取引業者等およびその役員・従業員に対して禁止される勧誘の形態を規定しています。

◉ 不当勧誘は禁止されている

金融商品取引法は、以下の類型に該当する行為を「不当勧誘」として禁止しています。

① 虚偽の告知（ウソの事実を告げること）
② 断定的判断の提供（不確実な投機情報について断定的な内容を告げること）
③ 無登録業者による信用格付を利用した勧誘（登録された業者の信用格付を使用しない勧誘）
④ 不招請勧誘（顧客からの要求がない状態での勧誘）
⑤ 勧誘を受ける意思の有無を確認しないでする勧誘（顧客が勧誘を受ける意思を有していることを確認しないでする勧誘）
⑥ 再勧誘（取引を行わない意思表示をした顧客に対する勧誘）

・虚偽の告知の禁止

金融商品取引業者等やその役員・使用人は、金融商品取引契約の締結またはその勧誘の際に、顧客に対して虚偽の事実を告げることは禁止されています。虚偽の事実を伝えられることによって、顧客が適切に投資判断をすることができなくなるためです。

なお、虚偽の情報を口頭で伝える場合の他、書面を交付して伝えることも禁止されています。

・断定的判断の提供の禁止

特定の有価証券の価格が上昇するか下落するかという事項は、正確な予測ができないため、このような事項について断定的な判断を示すことは禁止されています。

・無登録業者による信用格付を利用した勧誘の禁止

顧客を勧誘する際に、登録を受けていない信用格付調査を利用する場合は、「登録を受けていない」業者が作成した調査結果であることを顧客に伝える必要があります。そのことを告げずに顧客を勧誘することは禁止されています。

・不招請勧誘の禁止

投資家が望んでいないのに、金融商品取引業者等が勧誘を行うことは禁止されています。投資家が希望しないのに勧誘を行うと、投資家が不測の損害を受ける可能性があるからです。

■ 禁止される損失補てん等の行為

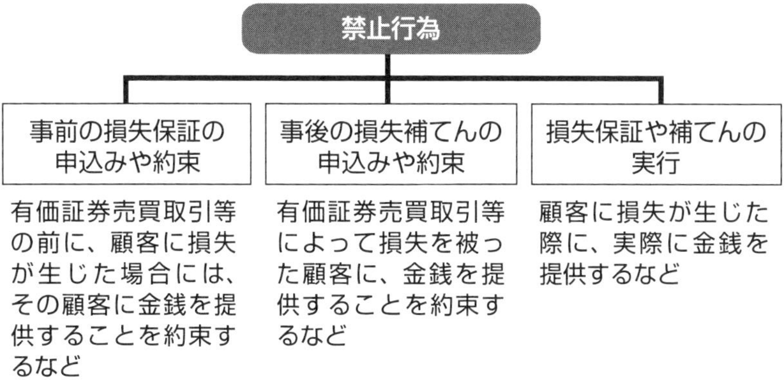

・勧誘を受ける意思の有無を確認しないでする勧誘の禁止

顧客に勧誘を受ける意思があるか否かを確認せずに勧誘を行うことも禁止されています。

・再勧誘の禁止

金融先物取引について、金融商品取引業者等やその役員・使用人は、金融商品取引契約の締結の勧誘を受けた顧客がその契約を締結しない（または引き続き勧誘を受けない）旨の意思表示をしたにもかかわらず、その顧客への勧誘を続けることは禁止されています。

◉ 損失補てん行為は禁止されている

投資家は、自己責任で金融商品のリスクを十分に検討し、取引を行う必要があります。投資判断が失敗して損失が生じた場合、投資家は自らがその損失を被らなければなりません。

損失を受ける可能性があるからこそ、投資家は慎重に投資判断を行います。しかし、証券会社などが損失補てんの保証を行うと、投資家が無謀な投資を行う可能性が高まります。そのため、証券会社が発生した損失の穴埋めをすることは禁止されています。

損失補てんについては、事前に投資家の損失を補てんすることを約束をする場合も、事後的に投資家の損失の補てんを行う場合も、金融商品取引法によって禁止されています。

◉ 内閣府令などが禁止している主な禁止行為について

金融商品取引法は、前述した不当勧誘や損失補てん行為を禁止行為としていますが、その他にも、以下のように内閣府令で禁止されている行為があります。

①　書面に関する説明をする義務

契約を締結する際、顧客に対して、書面の内容を説明しなければなりません。書面を交付するだけでは顧客が内容を把握できない可能性があるので、説明をすることも必要です。

②　虚偽表示などの禁止

契約の締結・勧誘に際して、虚偽表示や顧客に誤解を生じさせる表示をすることが禁止されています。

③　特別の利益提供の禁止

契約を締結する際、顧客に対して、特別の利益を提供することが禁止されています。利益提供が行われると、投資家は正常な投資判断ができなくなるからです。

④　勧誘行為の規制

契約の締結・解約に際して、顧客に迷惑がかかる時間帯に勧誘を行うことが禁止されています。また、顧客が「契約を締結しない」と意思表示をしている場合は、その顧客に対して、契約の締結について勧誘を行うことも禁止されています。

⑤　フロントランニングの禁止

顧客から有価証券の売買の委託を受けた際、同じ銘柄の有価証券について、金融商品取引業者が自ら取引を行うこと（フロント

■ 金融商品取引業者等の主な禁止行為 ……………………………

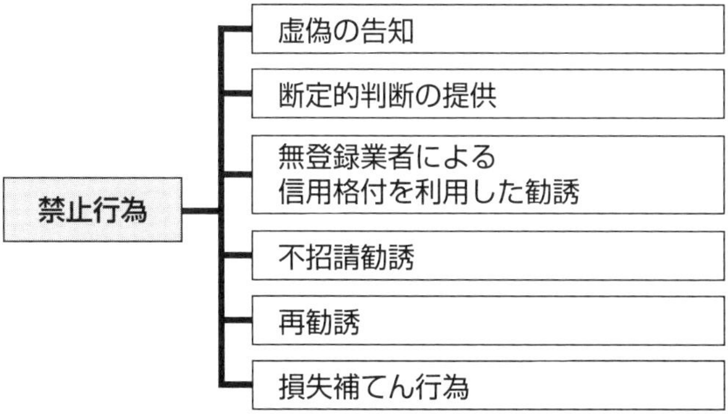

ランニング）は禁止されています。顧客から注文を受けているのに、自分自身の取引（自己売買）を行うことで、顧客の利益を証券会社などが横取りすることを防ぐのを目的としています。

たとえば、有価証券を買い付ける場合、顧客が示した価格よりも低い価格で証券会社が同じ銘柄を買い付けてしまうと、顧客の利益を証券会社が奪ってしまうことになります。

⑥　大量推奨販売の禁止

不特定かつ多数の顧客に対して、特定かつ少数の銘柄の有価証券について、その売買等の勧誘を継続して過度に行うこと（大量推奨販売）が禁止されています。特定かつ少数の銘柄に注文が集中して、有価証券の価格が変動することを防ぐためです。

◉ 金融商品にはクーリングオフが原則認められない

不当勧誘などによって契約を締結した投資家を保護するには、**クーリングオフ**（一定期間内であれば無条件に契約解除を認める制度のこと）を認めることが考えられます。しかし、金融商品にクーリングオフを認めると、取引後に価格が下落した場合に投資家が撤回を行うことが可能となってしまいます。

そこで、金融商品にはクーリングオフが認められず、例外的に投資顧問契約に限ってクーリングオフを認めています。

◉ 不当勧誘による契約の有効性

不当勧誘によって締結された契約の効力は有効でしょうか。金融商品取引法では、契約の効力自体については規定を設けていないため、消費者契約法との関係で契約が有効かどうかを判断します。

消費者契約法では、事業者が契約締結に際して、①重要事項について事実とは異なることを告げた場合、②断定的判断を提示した場合、③消費者の不利益となる事実を故意に告げなかった場合などに、消費者は契約の取消しができると規定しています（消費者取消権）。金融商品が消費者契約に該当し、消費者取引法の基準を満たす場合、投資家は契約の申込みや承諾の意思表示を取り消すことができます。

◉ 顧客の損失補てんの責任

金融商品取引法が規制する損失補てん（128ページ）については、顧客側の禁止規定も設けられています。具体的には、顧客が金融商品取引業者等に要求して、金融商品取引業者等との間で損失保証・損失補てんの約束をすることや、金融商品取引業者等から利益を受けることが禁止されています。

以上の禁止規定に違反した顧客には、1年以下の懲役または100万円以下の罰金が科されます（双方が併科される場合あり）。ただし、顧客が禁止されているのは、上記のように自ら進んで「要求」した場合のみであり、顧客が金融商品取引業者等から提供されたものを受け取るだけの行為は禁止されません。

◉ 損失補てん禁止の例外

金融商品取引法によって、損失補てんに対する規制が設けられていますが、例外的に損失補てんが許される場合があります。それは証券事故が起きた場合の損失補てんです。

証券事故とは、金融商品取引業者等の違法な行為として、顧客との間で争いの原因になるものをいいます。たとえば、顧客の注文内容を確認しないで売買取引を行うことや、有価証券の取引条件について顧客を誤認させるような勧誘を行うことが該当します。

なお、証券事故の場合に損失を補てんすることは、損害賠償としての性質を有するので、この場合は損失補てんを行うことは禁止されません。

Column

私設取引システム（ＰＴＳ）

私設取引システムとは、取引所外取引の一形態であり、証券会社が運営するコンピュータ・システムを使用して、証券取引所を経由せずに株式の売買取引を行うことができるしくみのことです。PTS（Proprietary Trading Systemの略）とも呼ばれます。

私設取引システムは、インターネットの普及によって時間外取引に対する需要が増大したことなどを考慮して導入されたものです。上場有価証券に関する大口取引などの注文執行を容易かつ円滑にすることや、取引所間の競争を促進するために、内閣総理大臣の認可を受けた第一種金融商品取引業者（証券会社など）によるPTS市場の開設が認められています。

PTS市場では、競争競売の方法（オークション方式）や取引所の終値（市場価格売買方式）、顧客間の交渉に基づく価格を用いる方法（顧客間交渉方式）などによって株式の売買価格が決定されます。

私設取引システムによって、投資者は様々な売買価格の決定方法によって株式の売買取引を行うことができ、また複数の市場を選択することができます。

しかし、PTSについては、取引所取引のような自主規制が存在しないことから、不適切な取引を防止するため、第一種金融商品取引業者がPTS業務を行うための認可には、様々な条件が設けられています。

また、従来は、PTSで取引される株式は取引所市場に上場されている株式に限られていました。しかし、日本証券業協会によって令和５年（2023年）７月１日に自主規制規則として「私設取引システムにおける非上場有価証券の取引等に関する規則」が制定・施行され、現在では非上場株のPTS取引も可能となっています。

第５章

公開買付制度の知識

1 公開買付について知っておこう

不特定多数の者が市場外で株券等を大量に購入する手法である

◉ 公開買付とは

公開買付（TOB）とは、不特定多数の者に対し、買付価格や買付けの期間等を公告することによって株券等の買付け等の申込みまたは売付けその他の有償の譲渡の申込みの勧誘を行い、取引所金融商品市場外で株券等の買付け等（市場外取引、193ページ）を行うことです。

市場取引を行う場合には、特定の会社の株式を大量に購入しようとする者がいたとしても、希望に合致する売主が現れなければ、株式の取引は成立しません。しかし、公開買付制度を利用すれば、短期間で大量の株式を購入することができます。

◉ 公開買付に対する規制

公開買付制度を利用した株式の大量取得は、一般的には会社の経営権を取得するために行われるため、公開買付は株価に対して大きな影響を与えます。また、公開買付は市場外取引ですので、取引内容が十分に公表されない可能性があります。そのため、金融商品取引法では、株主が十分に情報を得て公開買付に応じることができるよう、以下のような規制を設けています。

まず、公開買付を行う者は、目的買付の期間、価格、数量などを事前に公告することによって公表する必要があります。このような情報開示について、公開買付者は、まず公開買付開始公告を行い、この公告と同じ日に、内閣総理大臣に対して公開買付届出書を提出しなければなりません。また、株式の売付け等を行おうとする者に対しては、公開買付説明書を交付することが必要です。公開買付の終了後には、公開買付報告書を内閣総理大臣に対して提出しなければなりません（139ページ）。

公開買付の内容については、買付けの条件（買付価格など）を均一にすることが必要であると共に、買付価格の引下げ禁止など、買付けの条件変更が制限される場合があります（145ページ）。

買付期間は政令で定める範囲を超えてはいけません。また、公開買付の期間中に、公開買付者が公開買付以外の方法で株券等を入手すること（別途買付）が禁止されています（146ページ）。公開買付規制の対象となる「株券等」には、通常の株券（株式）に加えて、新株予約権証券、新株予約権付社債、投資証券などが含まれます。

◉ 公開買付が義務付けられる「株券等の買付け等」とは

株券等について有価証券報告書を提出しなければならない発行者または特定上場有価証券の発行者が発行する株券等の買付け等であって、以下の場合のいずれかに該当するものは、公開買付が義務付けられます。

① 取引所市場外での買付けのうち、60日間で10名を超える者を相手に行う買付け等であって、買付等の後にその者の所有する株券等の所有割合が５％を超える場合（５％ルール）

② 取引所市場外で行う株券等の買付け等のうち、60日間で10名以内の者からの買付け等であって、買付等の後にその者の所有する株券等所有割合が３分の１を超える場合（３分の１ルール）

③ 取引所金融商品市場における有価証券の売買等のうち、内閣総理大臣が定めるもの（特定売買等）による買付け等であって、買付け等の後にその者の株券等所有割合が３分

の１を超える場合

④　(i)３か月以内に取引所市場外で株券等の買付け等または新規発行取得によって発行済株式総数の10%に相当する株券等を取得し、かつ、(ii)この取引のうち特定売買等による株券等の買付け等または取引所市場外における株券等の買付け等によって発行済み株式総数の５％に相当する株券等を取得し、かつ、(iii)上記の(i)の取引によって株券等所有割合が３分の１を超える場合

⑤　株券等につき公開買付が行われている場合において、当該株券等の発行者以外の者であって株券所有割合が３分の１を超える者が、公開買付期間中に発行済み株式総数の５％を超える株券等の買付け等を行う場合

⑥　その他①〜⑤に掲げる株券等の買付け等に準ずるものとして政令で定める株券等の買付け等を行う場合

上記①〜⑥による株券取得（株券の買付け等）は、株券の価格や市場に与える影響が大きいため、①〜⑥の方法で株券を取得する場合は、公開買付によることが強制されています。

■ 特別関係者とは

特別関係者

形式的基準

・買付者の配偶者、一親等内の血族及び姻族
・買付者との間で特別資本関係（買付者により20%以上の議決権を保有されている）がある法人及びその役員。
（いずれも１年以上の継続が必要）

実質的基準

・買付者との間で共同して株券の取得・譲渡を行うことを合意している
・買付者との間で共同して株主権を行使することを合意している
・株券等を買い付けた後に相互に株券等の譲渡を行うことを合意している

◉ 株券等所有割合の算出と特別関係者

株券等所有割合は、買付者と特別関係者の株券等所有割合を合計して算出されます。特別関係者とは、買付者との間で一定の親族関係や資本関係など特別の関係にある者（形式基準）、および、買付者との間で共同して対象株券等の取得、議決権の行使などに合意している者（実質基準）のことです。

◉ 公開買付による必要がない株券等の買付け等とは

以下のいずれかに該当する場合は、原則として、公開買付の手続による必要がありません。

① 新株予約権を有している者が当該新株予約権を行使することによって行う株券等の買付等

② 株券等の買付け等を行う者が、その者の特別関係者（当該買付け等を行う日よりも前に1年間継続して形式的基準による特別関係者に該当する者に限られます）から行う株券等の買付け等

③ (i)60日間で10名以下の者から行う取引所市場外における株券等の買付け等であって、兄弟会社から行うものや、(ii)関係法人等と合わせて他の発行者の総株主等の議決権数の3分の1を超える議決権を所有する場合における当該関係法人等から行う当該発行者の株券等の特定買付け等（兄弟会社から行うものを除きます）

■ 公開買付に関する主な規制

情報開示の規制	内容についての規制	手続規制その他
・公開買付開始公告	・公開買付条件の均一性	・公開買付の強制
・公開買付届出書	・公開買付条件の変更制限	・別途買付の禁止
・公開買付説明書	・公開買付者による解除の原則禁止	・株券等保管事務などの代理
・意見表明報告書	・全部買付義務	・買付期間制限
・対質問回答報告書		
・公開買付報告書		

2 公開買付における情報開示規制について知っておこう

公開買付届出書や意見表明報告書などは閲覧できる状態にする

◉ 情報開示はどのような流れで行われるのか

公開買付を行う者（公開買付者）は、買付けの目的、価格、買付期間などを公告する必要があります。この公告を**公開買付開始公告**といいます。さらに、公開買付開始公告した日に、公開買付者は、株券等の所有状況や取引状況などを記載した**公開買付届出書**を内閣総理大臣に提出しなければなりません。

一方、公開買付開始公告が行われた場合、買付対象となる会社（発行会社）は、公開買付に対する意見を記載した意見表明報告書を提出しなければなりません。意見表明報告書には、公開買付者に対する質問を記載することが可能であり、質問が記載された場合、公開買付者は**対質問回答報告書**を提出する必要があります。

公開買付届出書、意見表明報告書、対質問回答報告書は、内閣総理大臣によって誰でも閲覧できる状態に置かれます（公衆縦覧）。公衆縦覧の期間は、これらの届出書や報告書を受理した日から公開買付期間の終了後５年を経過する日までになります。

また、これらの報告書や届出書を提出した者も、自らの本店や事務所において、書類を閲覧できる状態にしておく必要があります。金融商品取引所等や金融商品取引業協会も、同じように書類を閲覧できる状態にしなければなりません。

◉ 公開買付届出書について

公開買付者が公開買付開始公告を行った場合、原則として公開買付開始公告を行った日に、内閣総理大臣に対して公開買付届出書を提出する必要があります。公開買付届出書に記載すべき事項は、株券等の所有状況や取引状況に加えて、買付け等の価格、買付け予定の株券等の数、買付期間、公開買付の目的、公開買付者に関する事項などになります。

◉ 公開買付終了後はどうなる

公開買付者は、公開買付が終了した日の翌日に、公開買付に応募された株券等の数などを公告・公表する必要があります。また、公告・公表をした日に、公開買付者は、**公開買付報告書**を内閣総理大臣に提出しなければなりません。

公開買付が行われると、会社の経営権が大きく変動することがあります。そのため、公開買付が成功したかどうかは、投資家が投資判断をする際に非常に重要な事柄になることから、公開買付の結果の開示が義務付けられています。

◉ その他の情報開示規制

公開買付者は、公開買付に応じて売付け等をしようとする株主に対して、**公開買付説明書**を交付することが必要です。公開買付説明書には、内閣府令で定めている事項について記載します。なお、公開買付説明書を公衆縦覧に供する必要はありません。

■ 公開買付期間における情報開示

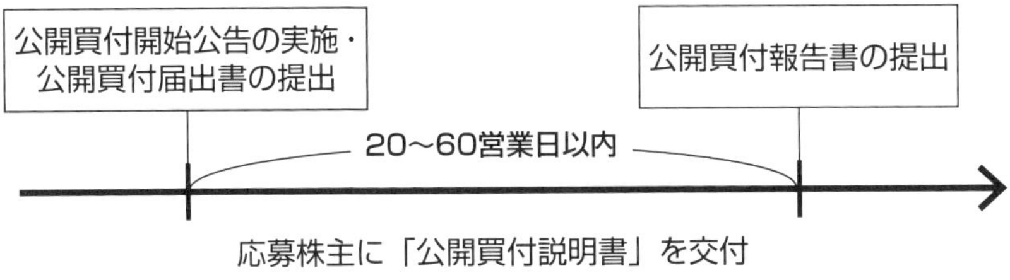

3 発行会社に対する公開買付規制について知っておこう

発行会社は意見表明報告書を提出する必要がある

◉ 発行会社が公開買付の対象となる場合

公開買付の対象となった会社（発行会社）の経営者が、公開買付に対してどのような考えをもっているかという点は、株主が公開買付に応じるかどうかの判断にあたって重要な事柄です。

そのため、金融商品取引法に基づいて、発行会社は、公開買付に対して意見表明をすることが義務付けられています。具体的には、公開買付開始公告が行われた日から10営業日以内に、発行会社は、内閣総理大臣に対して意見表明報告書を提出する必要があります。

◉ 意見表明報告書における質問

意見表明報告書には、公開買付に関する意見の他に、公開買付者に対する質問や、公開買付開始公告に記載された買付期間の延長を請求することを記載することができます。意見表明報告書は、公開買付者や金融商品取引所等にも送付する必要があります。

意見表明報告書の送付を受けた公開買付者は、意見表明報告書に記載された質問に対して５営業日以内に回答する必要があります。質問に対する回答を記載した書類（対質問回答報告書）は、内閣総理大臣に提出します。公開買付者は、質問に対する回答を行う必要はないと考えたとしても、回答する必要がないと考えた理由を記載する必要があります。

◉ 発行会社が自ら公開買付をする場合

発行会社（株券等を発行している会社）が自ら公開買付を行う場合のことを自社株公開買付といいますが、この場合も金融商品取引法による規制が及びます。

発行会社が自社株公開買付を行っても、発行会社は自社の株主総会で議決権を行使できないため、経営権の変動は生じませんが、株主平等原則違反、インサイダー取引、相場操縦といった問題が生じる可能性があるからです。

具体的には、発行会社が株主総会または取締役会の決定を受けて、株主との合意により、自己の上場株券等を取引所金融商品市場外で買い付ける場合に、金融商品取引法による公開買付が強制されます。買付けの対象となる株主の人数は問いません。

自社株公開買付に際して、発行会社は、非公開の重要事実の公表などを行う必要があります。重要事実が非公開のままで自社株公開買付の手続きが行われると、取引の公正が失われるおそれがあるからです。そして、重要情報は公開買付届出書を提出する前に公表することが義務付けられています。

■ 発行会社の情報公開

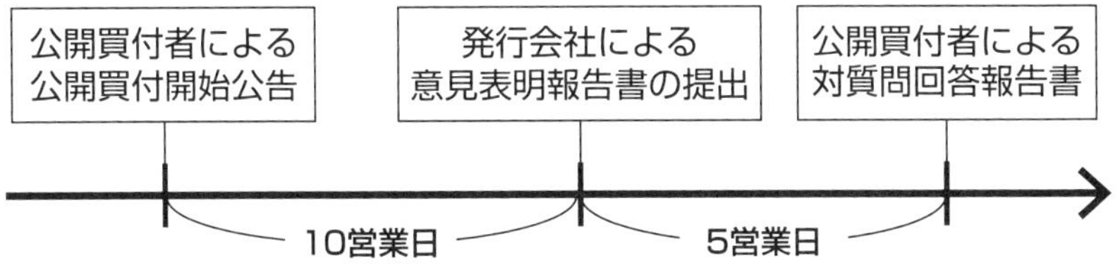

・公開買付の際には、必ず公開買付開始公告を行う。
・発行会社は、意見表明報告書の中で、公開買付者に対して質問ができる。
・公開買付者は、対質問回答報告書の中で、意見表明報告書に記載された質問に対して回答する。

4 その他公開買付行為についてこんなことを知っておこう

敵対的買収と友好的買収にも公開買付規制が及ぶことがある

◉ 友好的買収の公開買付規制

敵対的買収（213ページ）を行う会社が現れた際に、買収の対象となっている会社に協力的な会社が、敵対的買収者に対抗した買収を行うことを友好的買収といいます。一般の株主は、敵対的買収者に株式を売却するか、友好的買収者に株式を売却するか、あるいはどちらの買付けにも応じないのか、という判断を迫られます。

敵対的買収や友好的買収が公開買付によって行われる場合、公開買付の対象となる会社（発行会社）は、意見表明報告書を提出しなければなりません（140ページ）。この報告書により、株主や投資家は友好的買収者の存在を知ることができます。これに対し、敵対的買収や友好的買収をする者には、公開買付規制が及ぶので、公開買付開始公告からの一連の情報開示（138ページ）などが必要です。

◉ 発行会社の株主に対する規制はどうなっているのか

公開買付に応じた株主は、買付期間中であれば、自由に公開買付に関する契約を解除することができます。公開買付者は、解除を理由に株主に対して損害賠償を請求できません。株主は、公開買付者と発行会社との間の意見表明報告書や対質問回答報告書のやりとりを通じて、公開買付に対する判断を修正できるのです。

ただし、公開買付開始公告や公開買付届出書により、解除をする際は公開買付者の指定する書面を利用しなければならないとされている場合には、株主は指定書面によって解除を行います。

◉ 公開買付者等関係者のインサイダー取引の禁止

公開買付が行われると、発行会社の経営権や株価が大きな影響を受けることから、公開買付を利用してインサイダー取引が行われる可能性があります。インサイダー取引とは、会社に関する情報を入手できる者が、その情報が一般に公開される前に、株式などの取引を行うことをいいます（167ページ）。

金融商品取引法は、上場会社を対象として公開買付等（公開買付に加えて総議決権の５％以上の株券等の買い集めが含まれます）が行われる場合、公開買付者等関係者が、買付対象となる株券等を公開買付等の公表前に購入することはできません。

さらに、公開買付等が中止される場合も、中止の事実を知った公開買付者等関係者が、その公表前に対象の株券等を売却することもできません。

公開買付者等関係者には、公開買付者等の役員等、公開買付者等と契約を締結している者などが含まれます（172ページ）。

◉ 公開買付についての民事上・刑事上の責任

公開買付に関する開示書類に虚偽の記載をした者や、書類の提出を怠った者は、民事上の責任として、損害賠償責任を負います。その他、違法な決済を行った者なども損害賠償責任を負います。また、発行会社が自ら公開買付を行う場合は、未公表の重要事実について公表する必要がありますが（141ページ）、これに違反すると、発行会社やその役員が損害賠償責任を負います。

また、刑事上の責任として、公開買付の公告を行う際に、重要事項について虚偽の表示をした者には、懲役刑や罰金刑といった刑事罰が科されます。その他、公開買付届出書などの書類を提出しなかった場合や、別途買付の禁止に違反した場合も、刑事罰が科されます。

5 公開買付の方法についての規制にはどんなものがあるのか

撤回が認められる場合がある

◉ 買付期間や買付価格はどうなっているのか

公開買付を行う期間は、20営業日以上60営業日以内とする必要があります。買付期間が短すぎると、公開買付に応じるかどうかを株主が吟味して判断できなくなります。一方、買付期間が長すぎると、公開買付に応じた株主がいつまでも不安定な地位に立たされます。両者のバランスを取って、公開買付者が20～60営業日の範囲内で買付期間を設定します。

ただし、公開買付開始公告に記載した買付期間が30営業日より短い場合、公開買付の対象となった会社（発行会社）は、「意見表明報告書」を提出する際に、理由を付記して買付期間の延長を請求することができます（「意見表明報告書」に請求することを記載します）。その後、内閣総理大臣が意見表明報告書を公衆の縦覧に供する（誰でも自由に見ることができる状態にする）と、公開買付者は、買付期間を30営業日に延長しなければならなくなります。

また、公開買付を行う場合には、買付価格を均一の条件で決める必要があります。公開買付では、すべての株主を平等に扱うことが要請されているためです。

◉ 全部買付義務とは

公開買付の期間が終了した場合、公開買付を行った者（公開買付者）は、買付を行う株券等の数などを買付けに応じた株主（応募株主）に通知し、その後に決済を行います。

公開買付者は、原則として応募のあった株券等のすべてを買い付ける義務を負います（全部買付義務）。ただし、公開買付開始公告と「公開買付届出書」に、①応募総数が買付予定数に達しないときは買付けを行わないこと、②応募総数が買付予定数を超えたときのその超えた部分については買付けを行わないこと、を記載していた場合は、全部買付義務を負いません。

しかし、公開買付後の株券等所有割合が３分の２以上になる場合には、上記の②を記載していたとしても、公開買付者は、応募があったすべての株券等を買い取らなければなりません。大量の株式を保有する株主が出現すれば、買付対象にならなかった株主が不安定な立場に陥ってしまうからです。

◉ 買付条件はどんな場合に変更・撤回が認められるのか

公開買付者（公開買付を行う者）は、買付条件を自由に変更できるのが原則です。その際には、公開買付期間中に公開買付者が買い付け条件の変更に関する公告を行い、訂正届出書を内閣総理大臣に提出しなければなりません。

しかし、買付価格の引下げ、買付けを予定している株券等の数

■ 公開買付において公開する事項など

	公開する事項	関連する事項
公開買付開始公告	・公開買付の目的　・買付価格 ・買付予定の株券数　・買付期間	・公開買付の撤回禁止 ・勧誘の禁止 ・別途買付の禁止
公開買付開始届出	・公開買付の目的　・買付価格 ・買付予定の株券数　・買付期間 ・買付者に関すること ・公告後に別途買付をする旨の契約	・公開買付開始公告によって禁止されていた勧誘ができるようになる

の減少、買付期間の短縮など、応募株主が不利益を受ける可能性がある買付条件の変更を禁止しています。

また、公開買付者は、公開買付の公告をした後に、公開買付の撤回（申込みの撤回または契約の解除）はできないのが原則です。しかし、あらかじめ公開買付開始公告等において一定の事情が生じたときは撤回等をすることがある、という条件を付した場合や、公開買付者の破産手続開始の決定といった重要な事情変更がある場合は、例外的に撤回が可能です。

公開買付の撤回を行う場合には、買付期間の最終日までに撤回を行うことについての公告を行い、公開買付撤回届出書を内閣総理大臣に提出しなければなりません。

◉ 別途買付の禁止とは

公開買付を行う者が公開買付以外の方法で株券等を買い付けると、株主間で不平等が生じてしまい、公開買付の趣旨である、あらゆる株主等に対して公平に売却する機会を確保することに反することになってしまいます。そこで、公開買付者等は、公開買付期間中に、公開買付の方法以外で対象会社の発行する株券等の買付けを行うこと（別途買付）は、原則として禁止されています。

別途買付をした公開買付者は、公開買付に応じた者（応募株主）に対して損害賠償責任を負います。損害賠償額は、別途買付の際に公開買付者が支払った価格から公開買付価格を差し引いた金額に、応募株主が公開買付に応募した株券等の数を乗じた金額になります。

以上のように、別途買付は原則禁止されていますが、次のいずれかに該当する場合は、例外的に別途買付が許されます。

① 形式的基準（136ページ）によれば特別関係者になるが、実質的基準（136ページ）によれば特別関係者にならない者が、

特別関係者にあたらないことを申し出て行う買付けの場合

② 公開買付開始公告の前に公開買付によらずに買い付けるという内容の契約を締結しており、契約締結の事実及び内容を公開買付届出書で明らかにしている場合

③ 会社法上の株式買取請求権や新株予約権の行使に基づく買付けなど政令で定める場合

◉ 買付価格の引下げ等の禁止とは

買付条件の変更は自由にできることを原則とします。しかし、買付価格の引下げ等（買付け価格の引下げ、買付予定の株券等の数の減少、公開買付期間の短縮、買付期間の法定期間を超える延長、対価の種類の変更、撤回条件の変更）は、応募株主にとって不利益な買付条件の変更なので認められません（145ページ）。

ただし、公開買付開始後に、発行会社が会社分割等を行ったことで１株あたりの価値が低くなる場合は、買付価格の引下げが許されるといった例外があります。１株あたりの価値が低下しているときに、買付価格を維持しなければならないとすると、公開買付者が著しい不利益を受けるからです。

■ 別途買付の禁止 ……………………………………………………

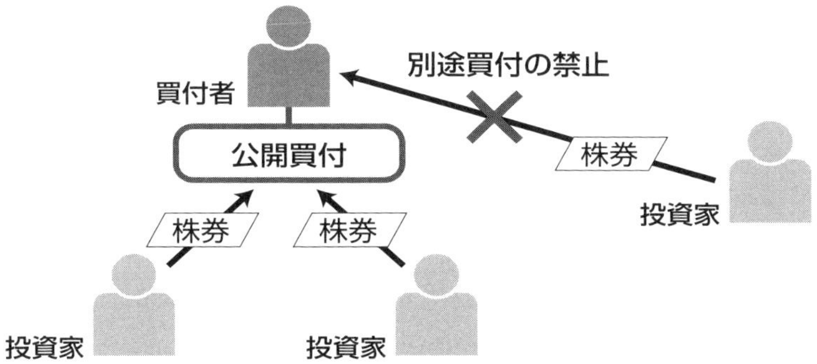

6 株券等を大量に保有する者にはどんな義務があるのか

大量保有報告書や変更報告書による情報開示義務がある

◉ 株券等の大量保有者は情報開示をする必要がある

たとえば、株式を大量に保有している者（大量保有者）は、株主総会などを通じて、株式を発行している会社（発行者）の経営に大きな影響を与えることができます。そのため、誰が大量に株式を保有しているのかという情報は、投資家にとって非常に重要です。また、株式を大量に買い集めようとすると株価が大きく変動しますが、投資家はその事実を知らなければ、株価が上昇したときに株式の売却ができなくなります。

そこで、金融商品取引法は、上場されている株券等（株式など）の発行者の経営や株価に影響を与える可能性がある株券等の取引について、迅速な情報の開示を義務付けています。

具体的には、発行者の株券等保有割合（株式などの保有する割合）が５％以上となった者（大量保有者）は、氏名、保有株式数、保有目的などを記載した大量保有報告書を内閣総理大臣に提出することが義務付けられています。さらに、大量保有者は、株券等保有割合が１％変動するごとに、変更報告書を内閣総理大臣に提出しなければなりません。このような開示制度を**大量保有報告制度（５%ルール）**といいます。

大量保有報告制度の対象は上場されている株券等です。ただし、株主総会の議決権を有することが大量保有報告制度の対象となる前提であるため、完全無議決権株式（議決権がまったくない株式）は原則として大量保有報告制度の対象外となります。

また、大量保有報告書の提出義務を負うのは、株券等を保有する者です（保有者）。自己名義で株券等を保有する者に限らず、他人名義を利用して株券等を保有する者も提出義務を負います。

また、他人（信託銀行など）に株券等の運用を委ねている者も他人に指図して議決権を行使できるので、提出義務を負います。大量保有報告書には、発行者に関する事項、保有者の氏名・住所、保有目的、保有株券等の内訳、取得資金などを記載します。

◉ 共同保有者について

株券等の買い集めは、単独ではなく共同で行われるケースもあります。たとえば、ＡＢが共同で４％ずつ、特定の会社の株式を取得した場合、ＡＢ各自の保有割合は５％に達していないとして、大量保有報告書の提出が不要だとすると、前ページで述べた大量保有報告制度が簡単に潜脱されてしまいます。

そのため、金融商品取引法では、株券等の保有者に共同保有者がいる場合には、共同保有者の保有分を合わせて株券等保有割合を計算することにしています。たとえば、保有者と株式の取得や譲渡を共同して行うことを合意している者、株主としての権利行使を保有者と共同して行うことを合意している者、保有者と特別の関係にある者が共同保有者に該当します。「特別の関係」には、

■ 大量保有報告書を提出すべき場合

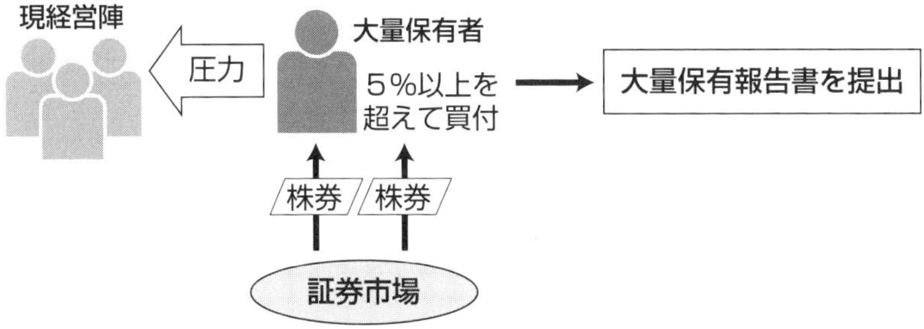

夫婦の関係や、支配株主（会社の総株主の議決権の50％以上を超える株式を保有する者）と当該会社の関係などが含まれます。

◉ 重複計上の控除

大量保有報告書の提出義務を負う「保有者」(149ページ）には、株券等の引渡請求権を有する者も含まれます。株券等の引渡請求権を有する例として、保有者が貸株を行う場合があります。ほとんどの貸株は消費貸借によって行われます。貸した側は、貸付けをした分の株券等の所有権を失いますが、その引渡請求権を有することから、引渡請求権を有する分（＝貸付けをした分）の株券を保有株券等に含めます。一方、借りた側は、貸付けを受けた分の株券等の所有権を取得するため、その分の株券等を保有株券等に含めます。つまり、貸した側と借りた側の両方で、同じ株券等が重複して株券等保有割合に含めることになるのです。

このケースで、貸した側と借りた側が議決権の共同行使を合意した場合には、各々が株券等の共同保有者になり、議決権行使も共同して行うので、株券等保有割合を計算する際に、重複して保有株券等を計上する必要性は低いといえます。そのため、引渡請求権を有する貸した側の保有株券等から控除されます。

◉ 株券等の大量保有者は情報開示をする必要がある

大量保有報告書には、取得資金について、株券等の取得に要した資金の内訳、借入金の内訳、借入先の名称などを記載する必要があります。株券等の取得資金の出所を明らかにすれば、投資家は実際に株券等を取得した者の背後で影響力を行使できるのは誰かを知ることができるからです。それにより、経営方針が変わる可能性を踏まえた投資判断ができるようになります。

7 大量保有報告の形態について知っておこう

機関投資家には特例報告という制度が認められている

◉ 通常報告と特例報告がある

大量保有報告の形態には、通常報告と特例報告の２種類があります。株式等保有割合が５％を超えた者（大量保有者）は、その日から５営業日以内に大量保有報告書を提出する必要があり（148ページ）、これを**通常報告**といいます。これに対し、**特例報告**とは、機関投資家（第一種金融商品取引業者、銀行、保険会社など）に認められているもので、月２日以上設けられる基準日（たとえば、毎月15日と月末）から５営業日以内に大量保有報告書を提出すればよいとされています。機関投資家は頻繁に取引を行っているので、５％を超えるごとに報告する義務を課すと過大な負担となるからです。また、大量保有者による変更報告書の提出（148ページ）についても、上記の特例報告が認められています。

ただし、発行者の事業活動に大きな影響を与える行為（重要提案行為等）をするのを目的として株券等を保有する場合は、特例報告を利用できず、通常報告を利用しなければなりません。

さらに、特例報告利用者（特例報告が認められる機関投資家）の株券等保有割合が10％を超えた場合も、特例報告を利用できなくなります。この場合は、株券等の発行者の経営を支配する目的がなくても、その事業活動に大きな影響を与えるからです。

◉ 重要提案行為等をする場合

特例報告利用者が５％を超えて株券等を保有するに至った日以降の一定期間内に重要提案行為等をするときは、その重要提案行為等を行う５営業日前までに、大量保有報告書を内閣総理大臣に提出する必要があります。また、株券等保有割合が１％以上増加した日以降の一定期間内に重要提案行為等をするときは、その５営業日前までに、変更報告書を内閣総理大臣に提出する必要があります。

重要提案行為等をする者の株券等保有状況は、投資家にとって重要ですが、特例報告利用者の保有状況は、通常だと１か月に２度しか開示されません。そこで、特例報告者に対し、重要提案行為等を行う前に、投資家に保有状況を明らかにさせるために、上記のような規定が設けられています。

◉ 大量保有報告書にはどんなことを記載するのか

大量保有者となった場合に提出する大量保有報告書（148ページ）の記載事項は、以下のとおりです。

・発行会社に関する事項（名称、所在地、上場・店頭の別、上場取引所名）
・提出者（大量保有者）に関する事項（名称、所在地、事業内容、個人の場合は氏名・職業）
・保有目的

■ 特例報告制度 ……………………………………………………

15日と末日を基準日とする

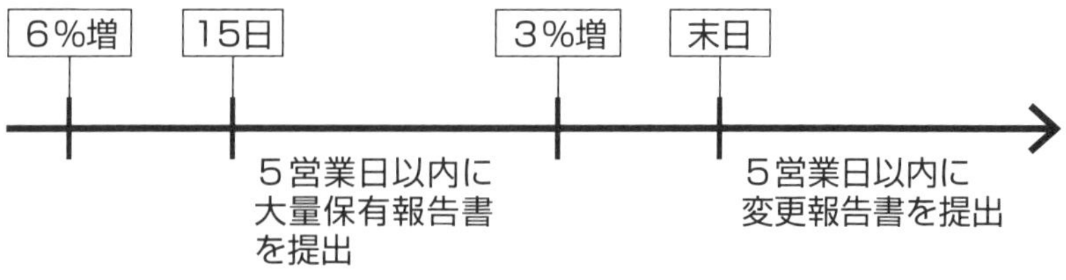

・重要提案行為等
・提出者の保有株券等の内訳に関する事項
・最近60日間における株券等の取得および処分の状況
・取得資金に関する事項
・共同保有者に関する事項

大量保有報告書の提出方法としてはEDINET（69ページ）が利用されています。EDINETを通じて大量保有報告書を提出した者は、報告書の写しを発行者と上場している金融商品取引所に送付する必要があります。

◉ 変更報告書はどんな場合に必要になるのか

大量保有報告書を提出すべき者は、大量保有者となった後、株券等保有割合が１％以上増減した場合や、大量保有報告書に記載する重要事項に変更があった場合には、内閣総理大臣に**変更報告書**を提出する必要があります。

変更報告書の様式は大量保有報告書と同じものであるため、大量保有報告書の記載事項をすべて変更報告書に記載することが必要です。さらに、変更報告書の提出が必要になった理由も記載し

■ 報告書の種類

大量保有報告書	変更報告書	訂正報告書
株券等保有割合が５％を超えた場合に提出する	大量保有報告書を提出すべき者の株券等保有割合が１％以上変更を生じるなど重要な変更があった場合に提出する	大量保有報告書や変更報告書に事実に反することが記載されていたり、重要な事実が記載されていない場合などに提出する

なければなりません。

変更報告書は、提出事由が生じた日から５営業日以内に内閣総理大臣に提出する必要があります。

◉ 短期間に大量譲渡した場合

短期間に大量の株券等の譲渡が行われると、株価は大きく変動するため、投資家が不測の損害を受ける可能性があります。そこで、短期間での株券等の大量譲渡が行われた場合には、変更報告書に譲渡の相手方や対価に関する事項も記載することが必要です。

通常の変更報告書からは、株券等を誰に譲渡したのか（譲渡の相手方）がわかりません。また、取得者が提出する大量保有報告書や変更報告書からも、誰から株券等を取得したのかがわかりません。譲渡の相手方などの記載を要求することで、投資家は売り抜けなどの事実を知ることができます。

「短期間での株券等の大量譲渡」とは、変更報告書に記載すべき変更後の株券等保有割合が、譲渡日前60日間における一番高い株券等保有割合の２分の１未満となり、かつ、一番高い株券等保有割合から５％を超えて減少したことをいいます。

◉ 訂正報告書はどんな場合に必要になるのか

大量保有報告書や変更報告書を提出した後、記載内容が事実と相違する（虚偽の記載がある）など、これらの報告書に不備があることを発見した場合には、大量保有者が自発的に訂正報告書を内閣総理大臣に提出する必要があります。

不備があるにもかかわらず、自発的な訂正がなされない場合、内閣総理大臣は、報告書の提出者に訂正を命じることができます。

■ 重要提案行為等の内容

金融商品取引法施行令14条の8の2第1項

	提案の内容	備考
1号	重要な財産の処分又は譲受け	
2号	多額の借財	
3号	代表取締役の選定又は解職	
4号	役員の構成の重要な変更	役員数や任期に関する変更が該当する場合もある
5号	重要な使用人の選任又は解任	支配人の選任・解任などが該当する
6号	重要な組織の設置、変更、廃止	支店の設置・変更・廃止などが該当する
7号	株式交換、株式移転、 会社の分割、会社の合併	
8号	事業の全部又は一部の 譲渡、譲受け、休止、廃止	
9号	配当に関する方針の重要な変更	大幅な配当額の増加要求などが該当する
10号	資本金の増加又は減少に関する方針の重要な変更	
11号	発行する有価証券の取引所金融商品市場における上場廃止又は店頭売買有価証券市場における登録取消し	
12号	発行する有価証券の取引所金融商品市場への上場又は店頭売買有価証券登録原簿への登録	
13号	内閣府令に掲げる事項（大量開示府令16条） ① 資本政策に関する重要な変更 ② 解散 ③ 破産手続開始の申立て、再生手続開始の申立て、更生手続開始の申立て	②は合併による解散を除く 特別清算は③から除かれている

8 公開買付が行われる場合の株主をめぐる対応

株主は公開買付開始公告などから情報を入手する

◉ 発行会社は株主にどのような対応をする必要があるのか

公開買付が行われる場合、公開買付開始公告（138ページ）によって、株主は買付者の目的や買付価格などを知ることができます。また、大量保有報告書（148ページ）によって、買付者がどのように株式を買い集めてきたかを確認することができます。そのため、株主側としては、公開買付開始公告や大量保有報告書から公開買付の情報を入手することが重要です。

一方、会社側としては、買付者に違法行為があるかどうかをチェックする必要があります。買付者に大量保有報告義務違反、虚偽記載、別途買付禁止違反（146ページ）などの違反行為があれば、それを株主に主張することで、株主に会社の現経営陣の方針を支持してもらうことができます。

また、会社側は意見表明報告書（140ページ）や対質問回答報告書（140ページ）を活用することも必要です。これらの書類を通じた意見交換を行うことで、買付者と現経営陣の方針の違いを明確にして、買付者よりも現経営陣の方針で会社運営を行った方が利益を上げることができると株主に主張します。

◉ 株主が公開買付に応募した場合にすること

公開買付が行われている場合、株主は、公開買付に応じるかどうかを自由に決定できます。公開買付開始公告、意見表明報告書、対質問回答報告書などを吟味し、現経営陣と買付者のどちらの方針がよいのかを見極め、公開買付に応じるかどうかを決めます。

株主は、公開買付に応じた後でも、公開買付期間中であれば解除が可能です。ただし、公開買付開始公告や公開買付届出書の中で、解除の際に買付者の指定する者に書面を交付するよう記載されている場合には、その指示に従って解除を行う必要があります。

株主が公開買付に応じる場合は、インサイダー取引の規制を守る必要があります。たとえば、未公表の重要事実に基づいて公開買付に応じることは、インサイダー取引として禁止されています。

また、主要株主（議決権の10%以上を保有する株主）が公開買付に応じることで持株比率が減少した場合、主要株主売買報告書の提出を必要とする場合があります。

■ 株主側の注意点

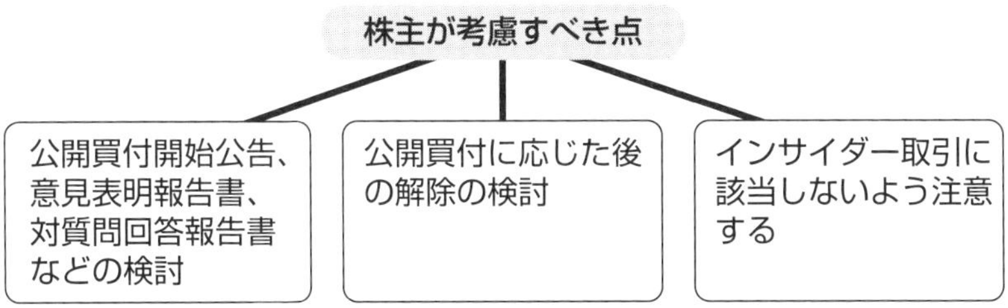

■ 公開買付を行う会社がすべき事項

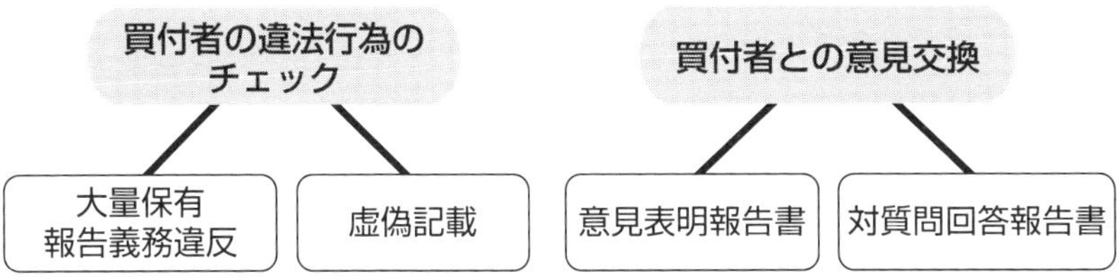

Q 上場会社は、なぜ委任状勧誘が規制されているのでしょうか。

A 株主総会での議決権を確保するために、委任状の勧誘が行われます。会社法では、株主総会での議決権を代理人に行使させることを認めており、議決権の委任状を得ることで自ら提案する議案を可決することができます。しかし、株主に情報を与えずに委任状の勧誘を行うと、委任状の勧誘を行った者の利益のためだけに議決権が行使される可能性があります。そのため、金融商品取引法により、委任状の勧誘を行う場合には、株主ら（被勧誘者）に対して情報を開示することが義務付けられています。

委任状勧誘の規制の対象となるのは上場会社の株式（金融商品取引場に上場されている株式）です。

委任状の勧誘を行う者（勧誘者）は、株主らに対して参考書類を渡す必要があります。参考書類には、株主らが議決権を行使する際に参考となる事項について記載します。

具体的には、勧誘者が委任状勧誘の対象となる株式の発行会社やその役員である場合には、発行会社やその役員であるという事実、株主総会に提出される議案、提案の理由などを記載します。

一方、勧誘者が発行会社やその役員以外の者である場合には、株主総会に提出する議案、勧誘者の氏名・住所などを記載します。

委任状の様式については、被勧誘者が議案ごとに賛否を示す欄を設ける必要があります。勧誘者は、委任状の用紙や参考書類を株主らに渡した場合には、その書類の写しを金融庁長官に提出しなければなりません。

第 6 章

不公正な取引と規制

1 不公正な取引の規制について知っておこう

投資家を保護し、市場の公正性・健全性を維持するための規制をしている

◉ 不正行為の禁止とは

金融商品取引法は、投資家が不公正な取引によって損害を被ることを防ぐために、主に、以下のような不公正な取引行為が規制されており、企業やその役職員、投資家などに適用されます。

・不正行為の禁止
・風説の流布、偽計、暴行または脅迫の禁止
・相場操縦行為等の禁止
・金融商品取引業者の自己計算取引等の制限
・信用取引等における金銭の預託
・空売りおよび逆指値注文の禁止
・インサイダー取引の禁止、未公表の重要事実の伝達等の禁止
・無免許市場における取引の禁止
・虚偽の相場の公示等の禁止
・対価を受けて行う新聞等への意見表示の制限
・有利買付け等の表示の禁止
・無登録業者による未公開有価証券の売付け等の効果

◉ 金融商品取引法が禁止する不正行為

金融商品取引法は、一般の投資家を保護し、市場の公正性・健全性を維持するため、前述のように、相場操縦行為の禁止やインサイダー取引の禁止など、不公正な取引に関する具体的な規制を

設けています。しかし、実際の取引の中では様々な不正な手段が使われるので、具体的な規制だけでは不正行為に対応できなくなる可能性があります。

そのため、金融商品取引法は、次の３つの不正行為を禁止する包括的規定を設けています（157条）。なお、①の「不正な手段」とは、社会常識から見て不正と認められる一切の手段を意味します。

① 有価証券の売買その他の取引またはデリバティブ取引等について、不正の手段、計画または技巧をすること
② 有価証券の売買その他の取引またはデリバティブ取引等について、重要な事項について虚偽の表示があり、または誤解を生じさせないために必要な重要な事実の表示が欠けている文書その他の表示を使用して金銭その他の財産を取得すること
③ 有価証券の売買その他の取引またはデリバティブ取引等を誘引する目的をもって、虚偽の相場を利用すること

■ 不公正取引規制の例

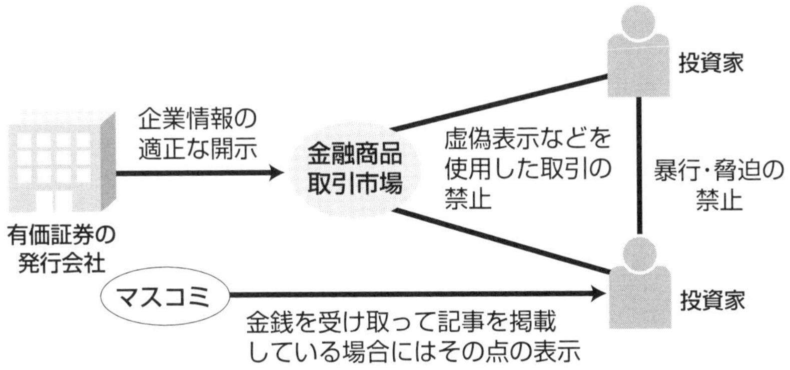

2 風説の流布、偽計、暴行または脅迫等の禁止、相場操縦行為の禁止など

合理的な根拠のない事実を不特定多数の人に知らせることなどは禁止されている

◉ 風説の流布の禁止

金融商品取引法は、有価証券の募集、売出し、売買その他の取引やデリバティブ取引等のため、または有価証券等の相場の変動を図る目的をもって、風説を流布《るふ》し、偽計を用い、または暴行若しくは脅迫をしてはならないとしています。

風説の流布とは、合理的な根拠のない事実を不特定多数の人に知らせることです。また、**偽計**を行うとは、ウソをつくことをいいます。

たとえば、自社の株価を上昇させようとして、自社と大手企業との提携が実現したなどの架空の事項について、社長が説明会を報道陣に行った場合、このような社長の行為は風説の流布に該当します。

また、株式に関係する執筆を行っている者が、特定の会社についての記事を書く直前に、その会社の株式を購入して、記事が公表されて株価が高騰した後に、その株式を売ろうとした場合、このような執筆者の行為は風説の流布に該当します。

他にも、自社が公開買付を行うつもりがないのに、担当者が公開買付を行う予定があると、報道各社に対して電子メールやファックスをした場合、このような担当者の行為は風説の流布に該当します。

◉ 風説の流布にあたらないようにするには

一般に「風説の流布」に該当するのは、合理的根拠のない事実（虚偽であるか否かを問いません）であることを行為者が認識している場合であると考えられています。

たとえば、企業内で意思決定をする際に準備された資料をもとに事実を伝えることは、合理的根拠があるため、風説の流布に該当する可能性は低いといえます。逆に、企業内で意思決定をする際に資料を準備せず、検討も行われていない事実を伝えることは、合理的根拠がないため、風説の流布に該当する可能性が高いといえます。

一方、将来に関する情報は、将来起こりうる事柄であることを明確に示して情報を伝えれば、風説の流布には該当する可能性は低いといえます。逆に、将来に関する情報を「現在の情報」として公表することは、風説の流布に該当する可能性が高いといえます。

◉ 相場操縦行為等の禁止

相場操縦とは、証券市場の相場を人為的に操作することです。相場操縦が行われると、適正な相場での有価証券の価格形成が妨げられてしまうので、相場操縦王位は禁止されています。

相場操縦の種類には、仮装取引、なれ合い取引、表示による相場操縦、現実の取引による相場操縦などがありますので、これらの相場操縦について順に説明していきます。

◉ 仮装取引による相場操縦

仮装取引（仮装売買）とは、実際には有価証券の売買が行われ

■ 風説の流布、偽計、暴行・脅迫の禁止

主体	目的	禁止行為
会社関係者や投資家だけでなく、誰でも主体となる	有価証券の募集、売出し、売買その他の取引のためや、相場の変動を図る目的	風説を流布し、偽計を用い、または暴行・脅迫をすること

ていないのに、売買が行われたとみせかけることです。仮装取引により投資家がだまされると、市場での適正な有価証券の価格が形成されなくなることから、仮装取引は禁止されています。

ただし、仮装取引に該当するには、架空の取引を行った者が「他人（他の投資家など）を誤解させてやろう」という意図を有していることが必要です。この点は、特定の銘柄について誤解を生じさせる意図がなかったとしても、市場全体の出来高について誤解を生じさせる意図があれば、仮装取引として規制が及びます。

◉ なれ合い取引

なれ合い取引とは、有価証券の売付けを行うのと同時に買付けをすることや、買付けを行うのと同時に売付けを行うことです。売主と買主は、お互いになれ合い取引を行うことに合意して、示し合わせて（通謀して）このような取引を行います。

なれ合い取引が行われると、実際の需要・供給とは異なる相場が形成される可能性があるので、なれ合い取引は禁止されています。ただし、なれ合い取引に該当するには、取引の状況について他人に誤解を生じさせる意図を有していることが必要です。

◉ 表示による相場操縦

取引を行わなくても、一定の情報を流すことで相場を操作することが可能です。金融商品取引法は、取引を誘引する目的をもって、金融商品取引市場で有価証券の相場が自己や他人の操作で変動するという内容の情報を流すことや、重要事項について虚偽または誤解を招く情報を流すことを禁止しています。

◉ 現実の取引による相場操縦

取引を誘引する目的をもって、現実に有価証券の取引を行うことで相場操縦をすることなどが禁止されています。たとえば、短期間に大量の株式を購入することで、その株式の価格を上昇させる行為が該当すると考えられています。

しかし、有価証券を購入すれば、その有価証券の価格は上昇するので、通常の取引と規制すべき現実の取引による相場操縦をどのように区別するのかが問題となります。一般には、有価証券の売買を誘引する目的（誘因目的）があり、その売買が繁盛していると誤解を生じさせた場合に規制が及ぶことになります。

◉ 誘引目的について

現実の取引による相場操縦で問題となる**誘因目的**は、人の内心に関わることです。そのため、誘因目的の立証は難しく、巧妙に行われた場合には、現実の取引による相場操縦として規制を行うことが難しくなる可能性があります。

最高裁は、人為的な操作をして相場を変動させているのに、その相場が自然に形成されたものと投資家を誤認させて有価証券の取引に誘い込む目的が誘因目的だとしています。

◉ 見せ玉行為について

見せ玉行為とは、市場で株式の売買の申込みを行い、契約が成立する（約定させる）前に申込みを撤回することで、市場の株価を誘導する行為です。見せ玉行為により市場の株価が不当に影響を受けるので、金融商品取引法は見せ玉行為を禁止しています。

具体的には、投資家Ａが、特定の銘柄の株式を購入した後、その株式について大量の買い注文を出します。他の投資家は「大量の買い注文があるということは、この銘柄の株価が上昇するに違いない」と考えて、その銘柄の株式を購入します。続けて、株価が上昇した時点でＡが買い注文を取り消し、手元にある株式を売りに出せば、Aは高値で株式を売却することができます。

同じように、大量の売り注文を出すことで株価を操作することも可能です。たとえば、投資家Bが大量の売り注文を出せば、他の投資家は「大量の売り注文があるということは、この銘柄の株価が下落するに違いない」と考えて、その銘柄の株式を売却するでしょう。そうすると株価は下落するので、Bは下落した後の安い価格で株式を購入することができます。

このように、買い注文、売り注文によって市場の株価が不当な影響を受けるため、見せ玉行為は禁止されています。

◉ 空売りの規制

空売りとは、証券会社などから借りる形で、自分が保有していない有価証券を売ることです。空売り行為が常に金融商品取引法違反となるわけではありません。しかし、空売りが行われると相場が下落する可能性があるため、金融商品取引法によって、空売りを行う者に空売りを行うことの明示を義務付けると共に、価格の規制が設けられています。

金融商品取引法違反の空売りを行った者は、その後に有価証券を買い戻して、証券会社などに返却することになります。

◉ 安定操作の規制

相場を変動させるのではなく、相場を安定させる行為も、一定の例外を除いて、金融商品取引法によって規制の対象となります。たとえば、人為的に相場が安定しているときに株式を購入し、その後に株価が暴落した場合には、投資家が大きな損失を受けるので、安定操作を行うことは規制の対象となります。

なお、有価証券の相場を安定させる目的をもって、有価証券の売買等を行うことは禁止されています。

3 インサイダー取引規制について知っておこう

投資者の保護や金融商品市場への信頼を確保するための規制がなされている

◉ インサイダー取引とは

インサイダー取引とは、投資判断に関する重要な情報が公表される前に、その情報をもとにして有価証券の取引を行うことです。

たとえば、A会社が数日後に倒産する見込みが高くなったため、A会社の株式を保有しているA会社取締役が、A社の株式を売却したという行為がインサイダー取引に該当します。

インサイダー取引は、一般の投資家が入手できない情報をもとにして行われることから、インサイダー取引が行われると、市場に対する一般の投資家の信用を失うと共に、市場の公正性・健全性が傷つくことになります。これらを防ぐために、インサイダー取引に対する規制が行われています。

◉ インサイダー取引に対する制裁について

インサイダー取引をした者には、5年以下の懲役または500万円以下の罰金が科されます（双方が併科される場合もあります）。インサイダー取引により取得した財産は国に没収されます。法人の代表者や従業員が法人の業務または財産に関し、インサイダー取引をした場合は、法人にも5億円以下の罰金が科されます。これらの刑事上の制裁（刑事罰）の他にも、インサイダー取引をした者には、行政上の制裁として課徴金（223ページ）も課されます。

さらに、インサイダー取引の原因となった情報を知らずに取引を行っていた投資家は、インサイダー取引をした者に対して、民事上の損害賠償請求ができる可能性があります。

◉ インサイダー取引規制の適用が除外される場合

インサイダー取引は原則として禁止されていますが、重要な事実を知ったことと無関係に行われる取引については、市場の公平性・健全性が損なわれることがないので、インサイダー取引の禁止に関する規定は適用されません。

たとえば、新株予約権（株式会社の株式を取得できる権利のことで、新株予約権を行使して株主となることができます）の行使によって株式を取得する行為は、会社に関する重要な事実を知ったこととは無関係に行われるので、インサイダー取引規制は適用されません。

また、組織再編（189ページ）によって継承される資産の中で有価証券の占める割合が20％未満の場合は、インサイダー取引規制は適用されません。

組織再編の対価として自社の有価証券を交付する場合は、インサイダー取引規制は適用されません。たとえば、会社が合併する場合、消滅会社の株主に対して存続会社の株主が自己株式（193ページ）を交付するケースがありますが、この自己株式の交付にはインサイダー取引規制が適用されません。

■ インサイダー取引とは

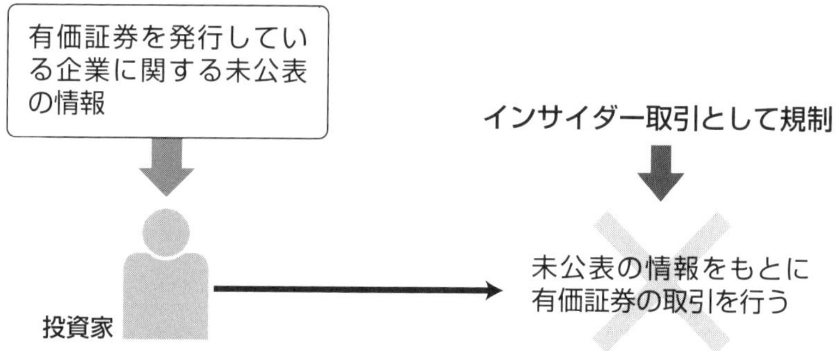

4 会社関係者のインサイダー取引規制

上場会社の業務に関する重要事実がインサイダー情報となる

◉ 会社関係者とは

会社関係者による特定有価証券（上場会社等の社債券や株券などのこと）の取引は、インサイダー取引に該当する可能性があります。会社関係者とは、以下の人物です。

① 上場会社等の役員や従業員

② 上場会社等に対して会計帳簿閲覧請求権を有する株主

③ 上場会社等に対する法令に基づく権限を有する者

④ 上場会社等と契約を締結している者

⑤ 上記の②④が法人である場合のその法人の役員等

◉ 情報受領者とは

会社関係者に該当しなくても、会社関係者から重要な情報を受領した者などは、インサイダー取引規制の対象となる場合があります。このような者のことを**情報受領者**といいます。たとえば、会社関係者の親族が会社関係者から重要な情報を入手した場合、その親族が情報受領者に該当します。

情報受領者は、会社関係者（退職後１年以内の元会社関係者を含む）から情報の伝達を直接受けた者をいい、情報受領者から情報の伝達を受けた者は含みません。

また、情報受領者に伝達があったというには、伝達する者が伝達を受ける者に情報を伝える意思が必要です。そのため、会話を盗み聞きした者や、たまたま会社の書類を見た者などは、情報の伝達がないため、情報受領者には該当しません。

◉ インサイダー情報とは

規制対象となるインサイダー情報は、上場会社等の「業務等に関する重要事実」であって、たとえば、以下のものが規定されています。

① 株式や新株予約権の募集、資本金・利益準備金・資本準備金の減少、自己株式の取得、株式無償割当・新株予約権無償割当、株式分割、剰余金の配当、株式交換、株式移転、合併、会社分割、事業の譲渡・譲受、解散、新製品・新技術の企業化などについて上場会社等が決定したこと

② 災害に起因する損害や業務遂行の過程で生じた損害、主要株主の異動、特定有価証券や特定有価証券に係るオプションの上場廃止・登録取消しの原因となる事実などが上場会社等に発生した場合

③ 上場会社等の売上高・経常利益・純利益や剰余金の配当などが、直近の予想値と比べて差異が生じたこと

■ インサイダー取引規制の対象

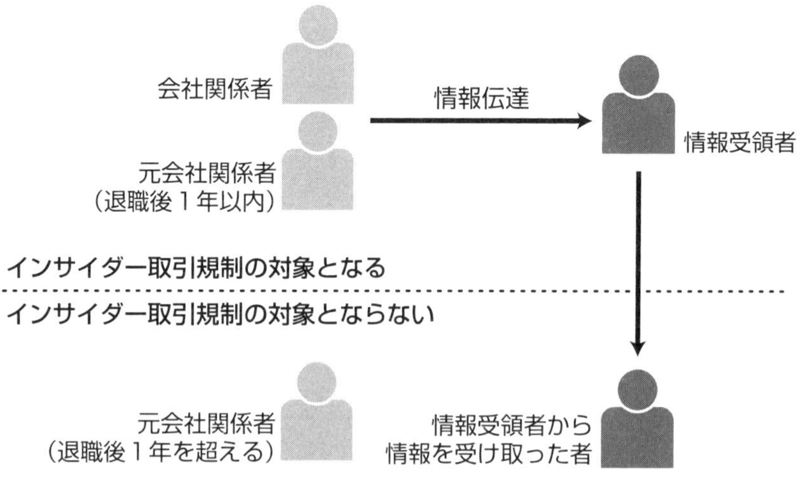

④　株式交換、株式移転、合併、会社分割、事業の譲渡・譲受、解散、新製品や新技術の企業化などについて、上場会社等の子会社が決定したこと

⑤　災害に起因する損害や業務遂行の過程で生じた損害などが、上場会社等の子会社に生じたこと

◉ 重要事実の公表とは

会社関係者や情報受領者は、上場会社等の業務等に関する重要事実の公表が行われた後でなければ、特定有価証券の取引ができません。「公表」がなされたというためには、①上場会社等やその子会社によって情報が多数の人の目に触れる状態に置かれることや、②上場会社等やその子会社が重要情報を記載して提出した書類が公衆縦覧に供されることが必要です。

たとえば、①の公表はテレビや新聞などによって行います。上場会社の代表取締役などが、新聞社や放送局のうち２社以上を選んで重要情報を公表した後、公衆が確認できる状態になれば、公表されたことになります。一方、②の公表の場合は、重要事実を金融商品取引所に通知し、金融商品取引所において誰でも閲覧できる状態に置かれれば、公表されたことになります。

■ 会社関係者などのインサイダー取引

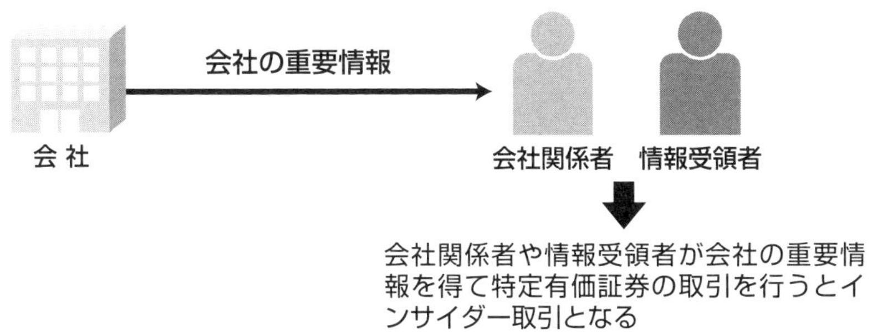

5 公開買付者等関係者のインサイダー取引規制

公表が問題となる

◉ どのような規制なのか

前述した会社関係者のインサイダー取引規制（169ページ）は、会社を情報源とするものです。しかし、投資家の判断に影響を与える情報は、会社が発信源とは限られません。たとえば、上場会社の大株主が株式を一度に売却する情報は、投資家の判断に大きな影響を与えます。

そこで、公開買付の実施・中止に関する事実の公表前に行われる取引がインサイダー取引として規制されています。

公開買付が発表されると株価が上昇することが多く、公開買付の実施に関する情報を知っている者は、公開買付に先立って有価証券を買い付けておけば、その後に公開買付に応じることで利益を得ることができます。逆に、公開買付が中止されると、株価が下落することが多いため、公開買付の中止を知っている者は、中止前に有価証券を売り付けることで損失を免れることができます。

これらが行われると、市場の公正性・健全性が失われるので、公開買付者等関係者のインサイダー取引が原則禁止されています。

具体的には、以下の者に対して、公開買付者等関係者のインサイダー取引規制が及びます。

① 公開買付者等関係者の役員等
② 会計帳簿閲覧請求権を有する株主
③ 公開買付者等関係者に対する法令に基づく権限を有する者
④ 公開買付者等関係者と契約を締結している者
⑤ 上記の②④に該当するもののうち法人であるものの役員等

◉ 重要事実とは

公開買付の実施・中止に関する情報は、インサイダー取引規制において問題になる**重要事実**にあたります。また、公開買付者等（公開買付などをする者）により、多数の者が知ることができる状態に置かれることで公表されます。そして、公表が行われるまでの間は、公開買付に係る特定株券等（金融商品取引所に上場されている株券等など）の買付け等・売付け等を行うことが禁止されています。

「公表」の方法には、以下の４つがあります。

・公開買付者等により「多数の者の知り得る状態に置く措置」として政令で定める方法
・公開買付開始公告
・公開買付の撤回の公告や公表
・公開買付届出書や公開買付撤回届出書の公衆縦覧

■ 公開買付関係者によるインサイダー取引の禁止 ………………

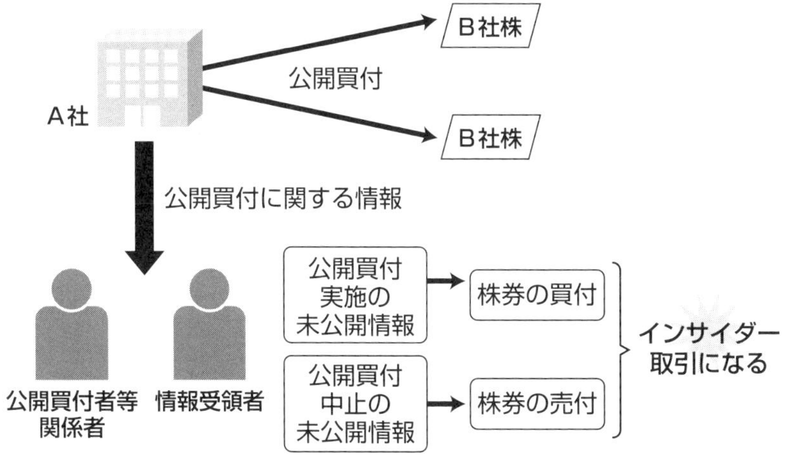

Q インサイダー取引が行われている可能性がある場合、会社としてはどのような対応を行うべきでしょうか。

A 自社の有価証券のインサイダー取引が行われていることが疑われる場合、最初に必要なのは事実関係の確認です。

インサイダー取引は、会社に生じた重要事実が公表される前に有価証券の取引を行うことをいうため、株式会社に有価証券の取引に関わる重要事実が発生しているかを確認しなければなりません。また、重要事実がいつの時点で公表されていたのか（公表後の取引はインサイダー取引に該当しません）、インサイダー取引の例外規定に該当しないのか、なども検討する必要があります。

そして、インサイダー取引への関与が疑われる役員・従業員などの関係者から、速やかに聴取を行う必要があります。

これらの調査の結果、インサイダー取引が行われていたことが明らかになった場合には、検察庁や証券取引等監視委員会に告発を行います。有価証券を発行する企業は、インサイダー取引を行った者を検察庁や証券取引等監視委員会に通知する法律上の義務を負っているわけではありません。しかし、事実を隠ぺいすると、後に世間から強い非難を受けることになりますので、インサイダー取引が行われたことが明らかになった時点で、インサイダー取引の存在を公表します。

●役員や従業員によるインサイダー取引を予防するための方策

会社の未公表の重要事実を不正に利用することはインサイダー取引になります。そのため、会社の重要事実を管理する責任者を企業内に設置することが重要です。

会社の重要事実を管理する責任者が行うべき業務としては、会社情報の管理や、インサイダー取引規制を受ける情報に該当するかどうかの判断、役員・従業員に対するインサイダー取引規制についての指導や教育などが挙げられます。

特に、インサイダー取引を予防するためには、役員・従業員に対して、社内研修を実施して、金融商品取引法のルールなどをしっかりと学んでもらい、なぜインサイダー取引を行うことが禁止されているのかについて十分理解させることが非常に重要となります。

企業内で生じた重要事実については、金融商品取引法の手続きに従って速やかに公表する体制を作っておきます。重要事実を知った者は、必要がなければその情報を第三者に伝えないということも従業員に徹底します。

また、定期的な内部監査の実施や第三者による監査を行うことで、組織的な不正によるインサイダー取引を防止することも必要です。

●インサイダー取引を未然に防止する制度

金融商品取引法164条は、インサイダー取引に該当するか否かに関係なく、上場会社等の役員等が取得した情報を不正に利用することを防止するため、短期売買差益返還請求を規定しています。

短期売買差益返還請求とは、上場会社等の役員等が、有価証券の買付けをした後6か月以内に売付けをした場合や、有価証券の売付けをした後6か月以内に買付けをした場合に、その利益を上場会社等に提供することを請求できるものです。役員等は一般の投資家が知らない情報を入手できるので、市場の公平性・健全性を保つため、このような規制が行われています。

●金融商品取引所が定める規制など

金融商品取引所が定める適時開示規則は、金融商品取引法が定めている情報よりも広範囲の情報を適時に開示することを、上場会社に義務付けています。

また、金融商品取引法では、金融商品取引業者等の役員や従業員の禁止行為が列挙されています（業者規制）。投資家の保護に欠け、公正な取引に悪影響を与える行為が、具体的に禁止行為として規定されています。

Column

格付機関の役割

企業や団体、政府などがどの程度元本と利息の支払能力を有しているか（支払いの確実性）などを数値や記号で表現（ランク付け）したものを「格付け」といいます。

格付機関は、企業や団体、政府などが発行する債券や金融商品の信用度合いを格付けする民間企業です。企業などの財務状況や経営者の能力などを分析して格付けを行います。

格付機関の本来の役割は、専門家である格付機関が第三者的立場から企業などの信用リスクに関する情報を市場に提供することによって、企業などが信用リスクに応じた価格・利息で債券発行などによる資金調達を行うしくみを機能させるという点にあります。

たとえば、企業が発行する社債については、格付機関の格付けによってランク付けがされることが一般的です。この格付けによって企業ごとに社債の発行条件が異なり、高い格付けの社債であれば発行会社に有利な条件で発行することができ、逆に低い格付けの社債であれば企業は有利な条件で発行しにくくなる結果、資金調達が行いにくくなります。

また、金融商品取引法に基づく開示制度等において利用される格付機関を明らかにするために、金融庁によって指定格付機関制度が導入されています。金融庁が指定格付機関の指定を行う際には、格付け機関のうち、金融庁長官がその格付実績、人的構成、組織、格付の方法及び資本構成その他発行者からの中立性に関する事項等を勘案して有効期間を定めて指定するとされています。

令和６年（2024年）１月現在、金融庁長官から指定を受けた指定格付機関は５社です。

第７章

金融商品取引法の理解に不可欠な法律や制度

1 株式公開とはどのようなことか

株式公開により資金を集めやすくする

◉ 株式公開のメリット

ここからは、金融商品取引法と関係の深い、会社法を中心とした制度について見ていきましょう。

まずは、株式公開（自社の株式を証券取引所に上場させること）についてとりあげます。株式公開には以下のようなメリットがあると考えられています。

・資金の調達が容易になる

上場企業の株式は証券取引所（金融商品取引所）を通じて売買されるので、多くの投資家が上場企業の株式の購入を検討することになります。そのため、株式公開をしていない企業と比べて、投資家が自社の株式を購入する可能性が高まり、結果として資金調達をスムーズに行うことができるようになります。

・企業の知名度や社会的な信用力も上昇する

株式公開をするためには、証券取引所が定める厳格な基準を満たすことが必要ですが、その基準を満たしたということは、優秀な企業であるのを示したことになります。そのため、株式公開によって企業の知名度が上がり、社会からの信用が高まります。結果として、優秀な人材を獲得する可能性も高まります。

・株主にとってのメリット

上場企業の株式は証券取引所で取引されるので、投資家がその株式を入手して株主となることや、自ら保有する株式を売却して投下資本を回収することが容易になります。

・従業員の士気の向上

上場企業となれば、社会的に認知された企業となっていくので、そこで働く従業員ということの誇りと自覚が芽生えます。

◉ 株式公開のデメリット

株式公開には多くのメリットがあるのですが、以下のようなデメリットもあることも十分に考慮する必要があります。

・情報整理に時間やコストがかかる

利害関係人（投資家、株主、債権者など）に対して会社の経営状況を把握してもらうために、会社の情報を公開する必要があります。情報の公開そのものが会社に不利益になるわけではありませんが、発表する情報を整理するためには一定の時間やコストがかかります。また、株式公開に伴い、会社の株主の数が増加すると、経営の意思決定が鈍化するおそれも生じます。

・訴訟提起のリスク

株主代表訴訟や役員に対する損害賠償請求訴訟が提起されるリスクも大きくなります。特に業績不振が続いた場合、株主がその責任を追及するため、上記の訴訟を提起することがあります。

・敵対的買収がなされる可能性

株式公開をすれば、誰でもその企業の株式を入手できるようになるため、発行されている株式を大量に所有することで、企業の経営権を握ろうと考える敵対的買収者が出現するというリスクが発生します。

◉ どの市場に株式公開をするか

株式公開をする場合には、どの取引所市場（株式市場）で公開するかを決定する必要があります。日本国内の証券取引所は「東京、大阪、名古屋、札幌、福岡」にあります。また、新興市場として、東京証券取引所がマザーズとジャスダック（JASDAQ）

を、名古屋証券取引所がセントレックスを、札幌証券取引所がアンビシャスを、福岡証券取引所がQボードを運営しています。かつては、広島、新潟、京都、神戸にも、証券取引所がありましたが、廃止・統合され、消滅しています。

いずれの証券市場に株式公開をする場合も、過去数年間の会計関係書類などに虚偽記載がないか、企業経営の継続性・収益性、情報開示の適切性などの事項がチェックされ、健全な企業であると判断された場合にのみ株式公開が許されます。

そして、証券取引所ごとに株式公開に必要な基準は異なるため、ある証券取引所で株式公開が認められたとしても、他の証券取引所でも株式公開が認められるとは限りません。

現状では、地方の証券取引所のみで株式公開を行っている企業は少なく、地方で株式公開を行っている企業の多くは、東京証券取引所の市場とあわせて株式公開を行っています。

◉ 公開会社はディスクロージャーに気を配る

ディスクロージャーとは、投資家（株主など）、債権者、従業員といった会社の利害関係者に対して、会社の経営状態などの情報を提供することをいいます。株式公開を行う会社は、株式公開を行わない会社と比べて、一般社会からの注目を集めることが多いため、積極的な情報開示が必要です。

ディスクロージャーには、①法律（会社法、金融商品取引法など）が定めた情報開示と、②投資家のために行う会社情報の開示の２種類があります。①の場合として、株主総会における決算報告や、新株発行（募集株式の発行）をする際の公告などがあります。一方、②の情報開示は証券取引所の要請で行われます。組織再編など会社の経営に大きな影響を与えることを決定した場合に、速やかにその事実を開示することが要求されます。

ディスクロージャーを行うと共に気をつけなければならない点は、インサイダー取引です（167ページ）。会社関係者などが未公表の内部情報を元に株式の売買を行うことは禁止されていますから、インサイダー取引を行わないように従業員を指導することが必要です。

ディスクロージャーもインサイダー取引の防止も、投資家の信頼を得て、円滑に資金調達を行うために取り組むものです。

◉ 作成・提出義務のある書類のチェックを忘れない

株式公開後は、作成・提出すべき義務のある書類に対して十分な注意を払う必要があります。たとえば、有価証券届出書・有価証券報告書・内部統制報告書など、金融商品取引法に基づき提出すべき書類があります。事業報告・付属明細書・連結計算書類などは、会社法に基づき作成すべき義務があります。また、各々の証券取引所の規則に基づき、決算短信として決算情報を証券取引所に提出する必要があります。

これらの他にも、作成・提出すべき書類はありますので、漏れがないように注意しなければなりません。

■ ディスクロージャーにおける注意点

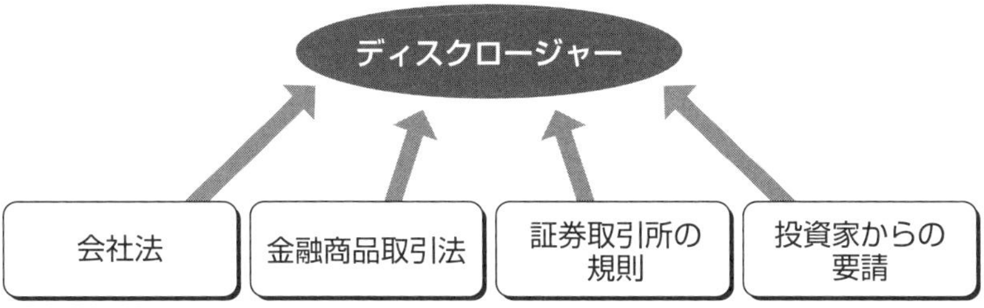

様々な要請によりディスクロージャーが行われている

■ 東京証券取引所の上場審査基準（プライム市場）…………………

項目	プライム市場への新規上場
(1)株主数（上場時見込み）	800 人以上
(2)流通株式 （上場時見込み）	流通株式数２万単位以上 流通株式時価総額 100 億円以上（原則として上場に係る公募等の価格等に、上場時において見込まれる流通株式数を乗じて得た額） 流通株式比率 35% 以上
(3)時価総額 （上場時見込み）	250 億円以上（原則として上場に係る公募等の価格等に、上場時において見込まれる上場株式数を乗じて得た額）
(4)純資産の額 （上場時見込み）	連結純資産の額が 50 億円以上 （かつ、単体純資産の額が負でないこと）
(5)利益の額又は売上高 （利益の額については、連結経常利益金額又は連結経常損失金額に非支配株主に帰属する当期純利益又は非支配株主に帰属する当期純損失を加減）	次のａ又はｂに適合すること ａ最近２年間の利益の額の総額が 25 億円以上であること ｂ最近１年間における売上高が 100 億円以上である場合で、かつ、時価総額が 1,000 億円以上となる見込みのあること
(6)事業継続年数	３か年以前から株式会社として継続的に事業活動をしていること
(7)虚偽記載又は不適正意見等	ａ最近２年間の有価証券報告書等に「虚偽記載」なし ｂ最近２年間（最近１年間を除く）の財務諸表等の監査意見が「無限定適正」又は「除外事項を付した限定付適正」 ｃ最近１年間の財務諸表等の監査意見が原則として「無限定適正」 ｄ新規上場申請に係る株券等が国内の他の金融商品取引所に上場されている場合にあっては、次の(a)及び(b)に該当するものでないこと (a) 最近１年間の内部統制報告書に「評価結果を表明できない」旨の記載 (b) 最近１年間の内部統制監査報告書に「意見の表明をしない」旨の記載
(8)登録上場会社等監査人による監査	最近２年間の財務諸表等について、登録上場会社等監査人（日本公認会計士協会の品質管理レビューを受けた者に限る）の監査等を受けていること
(9)株式事務代行機関の設置	東京証券取引所（以下「東証」という）の承認する株式事務代行機関に委託しているか、又は当該株式事務代行機関から株式事務を受託する旨の内諾を得ていること
(10)単元株式数	単元株式数が、100 株となる見込みのあること
(11)株券の種類	新規上場申請に係る株券等が、次のａからｃのいずれかであること ａ議決権付株式を１種類のみ発行している会社における当該議決権付株式 ｂ複数の種類の議決権付株式を発行している会社において、経済的利益を受ける権利の価額等が他のいずれかの種類の議決権付株式よりも高い種類の議決権付株式 ｃ無議決権株式
(12)株式の譲渡制限	新規上場申請に係る株式の譲渡につき制限を行っていないこと又は上場の時までに制限を行わないこととなる見込みのあること
(13)指定振替機関における取扱い	指定振替機関の振替業における取扱いの対象であること又は取扱いの対象となる見込みのあること
(14)合併等の実施の見込み	次のａ及びｂに該当するものでないこと 新規上場申請日以後、基準事業年度の末日から２年以内に、合併、会社分割、子会社化若しくは非子会社化若しくは事業の譲受け若しくは譲渡を行う予定があり、かつ、申請会社が当該行為により実質的な存続会社でなくなる場合 申請会社が解散会社となる合併、他の会社の完全子会社となる株式交換又は株式移転を基準事業年度の末日から２年以内に行う予定のある場合（上場日以前に行う予定のある場合を除く）

■ 東京証券取引所の上場審査基準（スタンダード市場）…………

項目	スタンダード市場への新規上場
(1)株主数（上場時見込み）	400 人以上
(2)流通株式 （上場時見込み）	a 流通株式数　2,000 単位以上 b 流通株式時価総額　10 億円以上（原則として上場に係る公募等の価格等に、上場時において見込まれる流通株式数を乗じて得た額） c 流通株式比率 25% 以上
(3)事業継続年数	3か年以前から株式会社として継続的に事業活動をしていること
(4)純資産の額（上場時見込み）	連結純資産の額が正であること
(5)利益の額（利益の額については、連結経常利益金額又は連結経常損失金額に非支配株主に帰属する当期純利益又は非支配株主に帰属する当期純損失を加減）	最近 1 年間における利益の額が 1 億円以上であること
(6)虚偽記載又は不適正意見等	a 最近 2 年間の有価証券報告書等に「虚偽記載」なし b 最近 2 年間（最近 1 年間を除く）の財務諸表等の監査意見が「無限定適正」又は「除外事項を付した限定付適正」 c 最近 1 年間の財務諸表等の監査意見が原則として「無限定適正」 d 新規上場申請に係る株券等が国内の他の金融商品取引所に上場されている場合にあっては、次の(a) 及び(b) に該当するものでないこと (a) 最近1年間の内部統制報告書に「評価結果を表明できない」旨の記載 (b) 最近1年間の内部統制監査報告書に「意見の表明をしない」旨の記載
(7)登録上場会社等監査人による監査	最近 2 年間の財務諸表等について、登録上場会社等監査人（日本公認会計士協会の品質管理レビューを受けた者に限る）の監査等を受けていること
(8)株式事務代行機関の設置	東京証券取引所（以下「東証」という）の承認する株式事務代行機関に委託しているか、又は当該株式事務代行機関から株式事務を受託する旨の内諾を得ていること
(9)単元株式数	単元株式数が、100 株となる見込みのあること
(10)株券の種類	新規上場申請に係る内国株券が、次の a から c のいずれかであること a 議決権付株式を1種類のみ発行している会社における当該議決権付株式 b 複数の種類の議決権付株式を発行している会社において、経済的利益を受ける権利の価額等が他のいずれかの種類の議決権付株式よりも高い種類の議決権付株式 c 無議決権株式
(11)株式の譲渡制限	新規上場申請に係る株式の譲渡につき制限を行っていないこと又は上場の時までに制限を行わないこととなる見込みのあること
(12)指定振替機関における取扱い	指定振替機関の振替業における取扱いの対象であること又は取扱いの対象となる見込みのあること
(13)合併等の実施の見込み	次の a 及び b に該当するものでないこと a 新規上場申請日以後、基準事業年度の末日から 2 年以内に、合併、会社分割、子会社化若しくは非子会社化若しくは事業の譲受け若しくは譲渡を行う予定があり、かつ、申請会社が当該行為により実質的な存続会社でなくなる場合 b 申請会社が解散会社となる合併、他の会社の完全子会社となる株式交換又は株式移転を基準事業年度の末日から 2 年以内に行う予定のある場合（上場日以前に行う予定のある場合を除く）

■ 東京証券取引所の上場審査基準（グロース市場）………………

項目	グロース市場への新規上場
(1)株主数 （上場時見込み）	150 人以上
(2)流通株式 （上場時見込み）	a 流通株式数　1,000 単位以上 b 流通株式時価総額　5 億円以上（原則として上場に係る公募等の価格等に、上場時において見込まれる流通株式数を乗じて得た額） c 流通株式比率 25% 以上
(3)公募の実施	500 単位以上の新規上場申請に係る株券等の公募を行うこと（上場日における時価総額が 250 億円以上となる見込みのある場合等を除く）
(4)事業継続年数	1 か年以前から株式会社として継続的に事業活動をしていること
(5)虚偽記載又は不適正意見等	a「上場申請のための有価証券報告書」に添付される監査報告書（最近 1 年間を除く）において、「無限定適正」又は「除外事項を付した限定付適正」 b「上場申請のための有価証券報告書」に添付される監査報告書等（最近 1 年間）において、「無限定適正」 c 上記監査報告書又は 四半期レビュー報告書に係る財務諸表等が記載又は参照される有価証券報告書等に「虚偽記載」なし d 新規上場申請に係る株券等が国内の他の金融商品取引所に上場されている場合にあっては、次の(a)及び(b)に該当するものでないこと (a) 最近 1 年間の内部統制報告書に「評価結果を表明できない」旨の記載 (b) 最近 1 年間の内部統制監査報告書に「意見の表明をしない」旨の記載
(6)登録上場会社等監査人による監査	「新規上場申請のための有価証券報告書」に記載及び添付される財務諸表等について、登録上場会社等監査人（日本公認会計士協会の品質管理レビューを受けた者に限る）の監査等を受けていること
(7)株式事務代行機関の設置	東京証券取引所（以下「東証」という）の承認する株式事務代行機関に委託しているか、又は当該株式事務代行機関から株式事務を受託する旨の内諾を得ていること
(8)単元株式数	単元株式数が、100 株となる見込みのあること
(9)株券の種類	新規上場申請に係る内国株券が、次の a から c のいずれかであること a 議決権付株式を 1 種類のみ発行している会社における当該議決権付株式 b 複数の種類の議決権付株式を発行している会社において、経済的利益を受ける権利の価額等が他のいずれかの種類の議決権付株式よりも高い種類の議決権付株式 c 無議決権株式
(10)株式の譲渡制限	新規上場申請に係る株式の譲渡につき制限を行っていないこと又は上場の時までに制限を行わないこととなる見込みのあること
(11)指定振替機関における取扱い	指定振替機関の振替業における取扱いの対象であること又は取扱いの対象となる見込みのあること

Q 上場廃止になるとどうなるのでしょうか。

A 上場廃止とは、特定の上場会社の株式について、証券取引所が証券取引所での取引を終了させる措置のことです。

各証券取引所では、上場基準と併せて、上場廃止基準も設けています。上場する時点では上場基準（形式基準・実質基準）を満たしていたとしても、上場廃止基準に該当してした場合は、上場廃止となってしまいます。たとえば、上場後に業績が低迷して債務超過が一定期間継続した場合や、株価が大幅に下落した場合に、上場廃止となる危険が生じます。上場廃止基準は各証券取引所で異なります。

会社の株式が上場廃止となっても、その会社が当然に消滅するわけではありませんが、資金調達が円滑に行えなくなる他、投資家や一般社会の信用を著しく失うことにもなりかねないため、上場を継続できるような経営を行っていくことが重要です。

上場会社は、その会社に関する重要事項について、直ちに情報開示をすることが義務付けられています。しかし、上場廃止になると情報開示の規制が及ばなくなるので、株主が会社の情報を入手する機会が限られることになります。

日本証券業協会の規則に基づき、原則として、証券会社は非上場会社の株式の購入などを勧誘することができません。そのため、上場廃止となった会社の株式を保有している者は、その株式の売却が上場廃止前と比べて難しくなります。また、上場廃止となった後は、大量保有報告（148ページ）の対象にもならなくなるので、大量に株式を購入した者について直ちに知ることも、上場廃止前に比べて難しくなると考えられます。

さらに、上場廃止後の会社の株式は、インサイダー取引に関する規制を受けないことから、その会社の役員が、未公表の重要事実を利用して株式の取引を行うことが可能です。そのため、取引の相手が重要事実を知らなかった場合、予期していなかった損害を受ける可能性があります。

なお、上場廃止になった会社にも公開買付規制（140ページ）は及びますので、一定数以上の株式を取得する場合には、金融商品取引法が定める手続きを経る必要があります。

■ 上場廃止基準

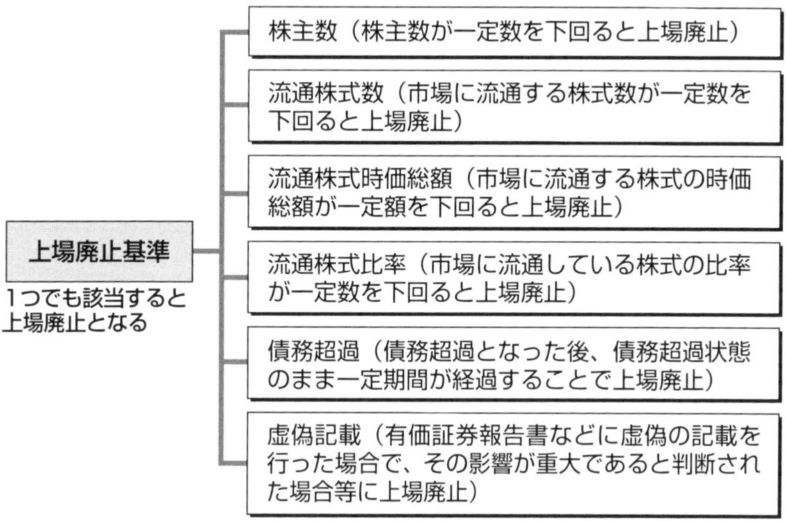

※具体的な基準は各証券取引所ごとに異なる

2 グループ会社との関わりには注意が必要である

特別利害関係のある会社や個人との取引を解消しておく

◉ 親会社・子会社の関係を見直す

ある会社の総株主の議決権の過半数をもつ会社あるいはある会社の経営を支配している会社を**親会社**といい、総株主の議決権の過半数をもたれている会社あるいは経営を支配されている会社を**子会社**といいます。そのうち、ある会社の発行済株式の全部をもつ会社を完全親会社といい、発行済株式の全部をもたれている会社を完全子会社といいます。このように親会社と子会社の関係は、支配・従属関係に立ちます。会社法は、このことを念頭に置いた規定を設けています。たとえば、親会社の株主は、権利行使に必要があるときは、裁判所の許可を得て、子会社の定款の閲覧やその写しの交付を請求することができます。

◉ 特別利害関係者との関係の見直しも必要

上場する際には、特別利害関係者との関係を解消しておく必要があります。特別利害関係者とは、その企業の役員の家族が経営している会社などのことをいいます。会社が、役員の家族が経営している他の会社と取引を行うと、その役員が自社の利益ではなく家族の経営する他の会社の利益の方を優先してしまい、会社が損害を被ってしまう可能性があります。そのため、特別利害関係者との取引には慎重になる必要があります。

特に、上場しようとしている会社であれば、その会社に投資する投資家の数が大きく増えるので、役員は投資家と会社のための経営を意識して行う必要があります。上場していない会社であれば、取引先として自分の家族が経営している会社を選び、会社の利益にならない場合にも取引をなれ合いの関係の中で続けることがあるかもしれません。しかし、上場会社となると、事業によって利益を上げることを投資家から強く求められます。そのため、なれ合いの関係の中だけで取引を続けることは難しくなります。

もちろん、特別利害関係者との取引が完全に許されなくなるというわけではありません。会社にとって合理的な理由があるならば、上場した後であっても利益を上げるために特別利害関係者と取引を続けることはできます。その場合には特別利害関係者との取引の内容を投資家に対して開示し、特別利害関係者との取引に合理性があることを示さなければなりません。しかし、この合理性を示し続けることが困難になってしまう可能性がありますので、原則としては、特別利害関係者との取引は上場前に解消しておくようにしましょう。

◉ グループ会社の再編をする際に気をつけること

会社経営の戦略として企業買収や組織再編（次ページ）といった手法があります。株式上場をめざして企業価値を高めようとしている中小企業も、企業買収や組織再編を行うことができます。企業買収や組織再編を成功させるために重要なことは、どのような事業が自社の強化につながるかを検討し、ターゲットになる会社や事業を選定することです。

企業買収を行う際には、買収先の企業が保有しているノウハウなどが自社にどのようなメリットをもたらすのか、買収に必要な費用、買収先の企業の収益性といったことを考慮します。また、組織再編を行う場合には、収益性の悪い事業から撤退することも検討する必要があります。

3 組織再編やM&Aが必要になることもある

代表的な手法は、合併、買収、事業譲渡、会社分割である

◉ 経営の健全化のために組織再編を行う

金融商品取引法の公開買付規制や不公正な取引に関する規制は、上場時の組織形態の見直し、会社の組織再編やM＆Ａ（会社が市場シェアの拡大や事業の整理統合など幅広い目的で行う合併や企業買収などの総称）にも関わります。たとえば、他社を合併する場合や、グループ会社を統括する持ち株会社を作るために株式移転を行う場合などです。

会社法では、組織再編の手続きとして、事業譲渡、合併、会社分割、株式交換、株式移転、組織変更の６つを用意しています。これらの組織再編は、会社の態様を大幅に変えるため、株主や債権者に与える影響が大きいといえます。

そのため、会社法では、株主や債権者を保護する規定が設けられています。たとえば、株主総会の特別決議による承認、事前・事後の情報開示、債権者保護手続きなどの規定があります。「特別決議」とは、議決権を行使できる総株主の議決権の過半数の株式を有する株主が出席し、出席した株主の議決権の３分の２以上の多数の賛成により成立する株主総会の決議を指します。

◉ どのような手段があるのか

会社の組織再編やM＆Ａの代表的な手法として、以下のものがあります。

・合併

複数の会社が合体して１つの会社になることを合併といいます。

合併のメリットは、各会社が持っていた権利や義務（財産や負債など）の全部が合体後の会社にまとめて引き継がれるため（包括承継）、個々の権利や義務の移転手続きが不要である点です。反対にデメリットは、包括承継によって帳簿には出てこない負債も引き継ぐおそれがある点です。実務上は、１つの会社が他の会社を取り込む吸収合併といわれる手法が主流です。

・株式取得による買収

公開買付などにより相手会社の株式を購入して、相手会社に対する支配権を獲得する手法です。株式取得による買収のメリットは、株主総会決議や債権者保護手続きが不要であるなど、手続きが比較的簡単であることです。反対にデメリットは、株式の取得に多額の費用がかかることです。

・株式交換による買収

相手会社の発行済み株式を100％取得して、相手会社を完全子会社とする手法です。株式取得の対価が現金ではなく、自社の株式である点で、株式取得による買収とは異なります。株式交換による買収のメリットは、買収資金（現金）が不要なことです。

・事業譲渡

相手会社が運営している事業の全部または一部を、対価を支払って買い取る手法です。会社を丸ごと取得するのではなく、事業だけを取得するのが特徴です。また、事業譲渡は、株式取得による買収とは異なり、株式の取引を介在しません。

・会社分割

会社の事業の全部または一部を相手会社にそのまま引き継がせる手法です。会社分割の特徴は、合併と同様に、事業に関連する権利義務をまとめて相手会社に引き継がせることです（包括承継）。会社分割には、既存の会社に事業を引き継ぐ吸収分割と、新設された会社に事業を引き継ぐ新設分割の２種類があります。

◉ 持ち株による親子会社関係の形成

会社法は、親会社が子会社を支配し、子会社が親会社に従属するという関係（支配・従属関係）を念頭に置いた規定を設けています。たとえば、親会社の株主は、権利行使をするために必要があるときは、裁判所の許可を得て、子会社の定款の閲覧やその写しの交付を請求することができます。

このような支配・従属関係から、原則として、子会社が親会社の株式を取得することが禁止されています。例外的に取得が許容される場合であっても、親会社の株式を取得した子会社は、相当な時期に親会社の株式を処分しなければなりません。また、過半数まではいかないものの、総株主の議決権の４分の１以上の株式

■ 組織再編行為の比較（株式交付を除く）……………………

	事業譲渡	合併		会社分割		株式交換	株式移転
		吸収合併	新設合併	吸収分割	新設分割		
株主総会の特別決議	全部又は重要な一部の譲渡や全部の譲受けの場合に必要（簡易再編・略式再編の例外あり）	必要（簡易再編・略式再編の例外あり）	必要（簡易再編の例外あり）	必要（簡易再編・略式再編の例外あり）	必要（簡易再編の例外あり）	必要（簡易再編の例外あり）	必要
株式買取請求権	あり	あり	あり	あり	あり	あり	あり
債権者保護手続き	なし	あり	あり	あり	あり	一定の場合にあり	一定の場合にあり
効力発生日	契約で定めた日	契約で定めた日	設立登記日	契約で定めた日	設立登記日	契約で定めた日	設立登記日
株主の変動	なし	消滅会社の株主に存続会社の株式を交付すると定めた場合、消滅会社の株主は存続会社の株主となる	消滅会社の株主は原則として新設会社の株主となる	原則としてなし	原則としてなし	完全子会社の株主は完全親会社の株主になる	完全子会社の株主は完全親会社の株主になる

を保有されている会社（下図のＢ社）は、それを保有している会社（下図のＡ社）の株式を取得しても、議決権を行使することができません。適正な議決権行使が期待できないからです。

◉ 簡易再編・略式再編とは

規模の大きい会社が少ない対価の支出をもって組織再編を行う場合など、一定の条件をクリアすれば、株主総会決議を省略できる制度があります。これが簡易再編（簡易組織再編）です。

簡易再編は「合併、会社分割、株式交換、事業譲渡」で認められます（191ページ図）。簡易再編のメリットは、株主総会決議に必要な時間や費用が不要となり、迅速な組織再編が可能になることです。

略式再編（略式組織再編）は、簡易再編と同様に、株主総会決議の省略を可能にする制度です。主にグループ企業内の組織再編を想定した制度で、支配・従属関係のある会社間での組織再編について株主総会決議の省略を認めるのが特徴です。

具体的には、Ａ会社がＢ会社の総株主の議決権の90％以上の株式を保有している場合、Ａ会社・Ｂ会社間の組織再編については、Ｂ会社の株主総会決議が不要となります。この場合、Ｂ会社で株主総会決議をする意味がないからです。

■ 親子会社

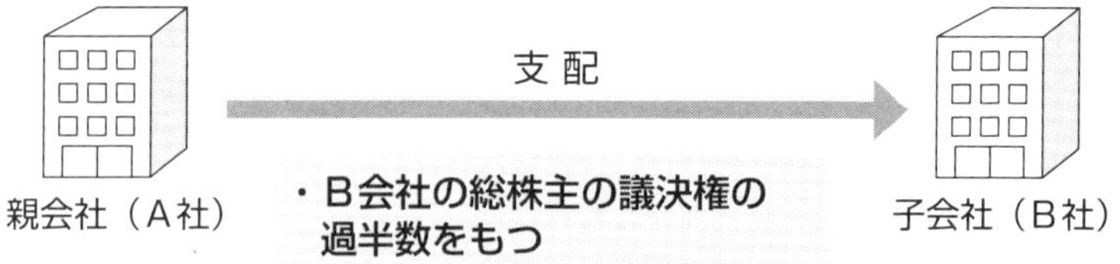

4 自己株式について知っておこう

財源取得規制などをクリアし、法令に基づく手続きで行う必要がある

◉ 自己株式の取得方法

自己株式とは自社で所有する自社の株式（自社株）のことです。株式市場では、自己株式のことを金庫株という名称で呼んでいます。英語を直訳したもので、法律上金庫株という言葉はありません。

自己株式を取得する方法としては、一般の株式取得と同じで市場取引、市場外取引、相対取引の３通りがあります。

市場取引とは、株式市場（証券取引所および店頭市場）で買付けをすることです。株式市場での買付けには、事前公表型の市場内取引と、オークションによる単純買付の２通りがあります。

市場外取引とは、公告（関係者に一定の事項を広く知らせること）により、株主から市場外で株式を買い付けることです。公開買付が代表的な例です。

相対《あいたい》取引とは、特定の株主から直接買い付けることです。

会社はこれらの方法のうちどれかを自由に選択できます。ただし、非公開会社（発行済みの全株式について譲渡制限がある会社のこと）は相対取引だけを利用できます。いずれの方法も、自己株式を取得する場合は、原則として株主総会決議が必要です。

◉ 取得するには財源規制などがある

自己株式の取得には、法律上の規制がいくつかあります。たとえば、①取得財源規制、②インサイダー取引規制、③相場操縦禁止規制、④ディスクロージャー規制です。このうち、すべての会社に適用されるのが取得財源規制です。

取得財源規制とは、自己株式の取得は自社の分配可能額の範囲内で行わなければならないという規制です。自己株式の取得は自社以外の所有する株式の数を少なくすることで、結果的に株式の価値を高める効果があるため、株主に対して利益を分配する行為と考えられます。つまり、自己株式の取得は利益配当（剰余金の配当）と同様の行為になるため、利益配当と同じ規制が設定されているのです。分配可能額の計算方法は会社法461条２項で指定されており、会社の剰余金をもとに計算を行います。

ただし、やむを得ない事情がある場合には、取得財源規制は適用されません。具体的には、以下のようなものがあります。

・単元未満株主から買取請求があった場合（会社法155条７号、192条１項）
・外国会社を含む他の会社の事業をすべて譲り受ける場合に当該他の会社から自己株式を取得した場合（会社法155条10号）
・合併の際に消滅する会社から自己株式を承継する場合（会社法155条11号）
・吸収分割（190ページ）の際に分割する会社から自己株式を承継する場合（会社法155条12号）
・反対株主の株式買取請求に応じて自己株式を取得する場合（会社法施行規則27条５号）

会社法155条と会社法施行規則27条は、自己株式の取得が認められるケースを定めていますが、これらの法令で定められた場合以外で自己株式を取得することはできません。ただ、自己株式の取得が認められる範囲は広いため、株式譲渡自由の基本が守られていると考えてよいでしょう。

◉ 上場会社にはこんな規制もある

上場会社だけに適用される自己株式を取得する際の法律上の規

制として、インサイダー取引禁止規制（167ページ）、相場操縦禁止規制（163ページ）、ディスクロージャー規制（180ページ）があります。これらは株式市場の公平性・健全性を維持するための規制として、金融商品取引法に定められています。

◉ 自己株式の権利内容について

このように、会社が自社の株式（自己株式）を取得すること自体は認められていますが、自己株式について認められる権利は、通常株式の場合と比べて大幅に制限されています。

たとえば、会社法308条2項には「株式会社は、自己株式については、議決権を有しない」と規定されています。つまり、自己株式をもつ当該会社には株主総会の招集を請求する権利や計算書類を閲覧する権利など、株主として会社の経営に参加することを目的とする権利（共益権）はないということになります。

また、会社法453条は「株式会社は、その株主（当該株式会社を除く）に対し、剰余金の配当をすることができる」と規定しています。さらに、自己株式には残余財産の分配を請求する権利もないとされています（504条3項など）。つまり、取得した自己株式には、株主が会社から経済的利益を受けることを目的とする権利（自益権）も認められないということになります。

自己株式に認められている権利は、株式の併合（数個の株式を合わせてそれよりも少数の株式とすること）や、株式の分割（既存の株式を細分化して以前よりも多数の株式とすること）が行われたときに割当てを受ける権利などに限られます。

◉ 取得手続きと授権枠

自己株式の取得は法令で定められたケースに限り認められていますが、自己株式を取得する際にも法令に従った手続きで取得する必要があります。具体的には、株主総会で授権決議を行い、当該決議に基づいて取締役や取締役会が必要事項を決め、株主に通知します。株主総会における授権決議の主な内容は、取得できる株式の種類や数、取得にかけることができる金額の上限です。これらを授権枠といいます。株主全員を取得対象とする場合は普通決議（議決権の過半数を持つ株主が出席の上で、出席株主の過半数の賛成により成立する株主総会の決議）、特定の株主だけを取得対象とする場合は特別決議が必要です。また、株主総会は通常総会でも臨時総会でもかまいません。

授権枠の決定後、取締役または取締役会が、実際に取得する株式の種類や数、取得価格を決めます。さらに、取得請求期間や譲渡申込期間など、事務手続きに関する具体的な日程も決めます。

最後に、取締役または取締役会の決定に基づき、株主に対して自己株式取得の通知をします。自己株式を有償で取得する場合、相手方が株主全員の場合と特定の株主の場合とがありますが（198ページ）、どちらに該当するかによって通知の範囲が変わります。つまり、特定の株主から取得する場合は対象となる株主、株主全員を対象とする場合は株主全員に通知します。

■ 自己株式取得のデメリットと防止策

	デメリット	防止策
1	株主に対する実質的な出資の払戻しによって会社の財産が流出してしまう（資本の空洞化）	財源規制を設ける
2	株式の相場操縦などに悪用される（不正取引）	金融商品取引法で規制する
3	一部の株主から取得すると、その株主を特別扱いすることになる（株主間の不平等）	株主の利益への配慮
4	現経営者の保身のために利用される（会社支配の歪曲化）	株主総会の信任

5 自社株をどのように取得するか

株主総会の決議が必要になるのが原則

◉ 取得できる場合は法律で決められている

会社による自己株式の取得が認められるケースは、法令で定められている場合に限られます（会社法155条、会社法施行規則27条）。具体的には、以下の①～⑬の場合に、会社による自己株式の取得が認められます。

① 取得条項付株式の取得事由が発生した場合
② 株主による譲渡制限株式の譲渡承認請求を認めなかった会社が、当該譲渡制限株式を買い取る場合
③ 株主との合意によって有償で取得する場合
④ 取得請求権付株式の株主から取得請求があった場合
⑤ 全部取得条項付種類株式の取得が株主総会で決議された場合
⑥ 相続その他の一般承継により株式を取得した者に対して、会社が定款の規定で売渡しを請求する場合
⑦ 単元未満株式の買取請求に応じる場合
⑧ 所在不明株主の株式を競売の代わりに会社が買い取る場合
⑨ １株に満たない端数株式の処理手続きとして取得する場合
⑩ 他の会社の事業の全部を譲り受ける場合において、その会社が保有している株式を取得する場合
⑪ 合併後に消滅する会社が保有する株式を承継する場合
⑫ 吸収分割する会社が保有する株式を承継する場合
⑬ 無償取得や合併の対価として受け取る場合など、会社法施行規則が自己株式を取得できるケースとして認めている場合

◉ 有償取得の方法

会社による自己株式の一般的な取得方法として、前ページの③（株主との合意による有償取得）があります。有償での取得方法は、市場取引による取得と市場外からの取得（相対取引による取得）に分けられます。市場外からの取得は、特定の譲渡人を指定しないで取得するのが原則ですが、例外的に、特定の株主、相続人、子会社から取得できるケースが認められています。

自己株式の取得には、原則として株主総会の普通決議が必要です。定時総会だけでなく臨時総会でも決議できます。株主総会では、取得できる株式の種類と数、取得にかけることができる金額の上限（対価の総額）を決めます（授権枠、196ページ）。授権枠の決議の有効期間は1年以内の範囲で決めることができます。

・市場取引による自己株式の取得

市場取引で自己株式を取得する場合は、株主総会の普通決議で自己株式の取得が可能になります。また、公開会社の場合は、定款に定めておけば、取締役会の決議だけで市場から自己株式を取得できます。市場を通して株式を取得するため、株主平等の原則（会社が株式の内容・数に応じて株主を平等に取り扱うべきとする原則のこと）が十分に担保できると考えられるからです。

・譲渡人を指定しない自己株式の相対取引による取得

株主全員を対象にして取得する場合も、株主総会の普通決議で授権枠を決議できます（次ページ図）。また、公開会社の場合は、公告によって株主への通知に代えることができます。

◉ 市場外からの取得方法についての例外

前述したように、自己株式を特定の株主、相続人、子会社から取得できるケースが認められています。

・特定の譲渡人からの自己株式の取得

特定の株主から取得する場合は、株主平等の原則に反するおそれがあるため、株主総会の特別決議（189ページ）が必要です。

さらに、対象から漏れた株主は、自分からも株式を買い取るよう会社に請求することができます（売主追加請求権）。買取りを希望する株主は、株主総会の２週間前までに書面で通知します。

もっとも、常に売主追加請求権が認められると会社にとって不都合であるため、会社はあらかじめ売主追加請求権を定款で排除することもできます。しかし、株式発行後に排除規定を定款に設けるには株主全員の賛成が必要であるため（164条）、会社としては早めに規定を設けておくべきです。なお、会社法161条（市場価格のある株式の取得の特則）の規定が適用される場合は、売主追加請求権の行使が認められません。

・相続人その他の一般承継人からの取得（会社法162条）

非公開会社（発行済株式のすべてに譲渡制限がある会社のこと）の場合は、相続人その他の一般承継人に売却の意思があれば、定款に規定がなくても、他の株主に売却の機会を与えないで、相続人その他の一般承継人から株式を取得することができます。

■ 相対取引による自己株式取得（譲渡人を指定しない場合）……

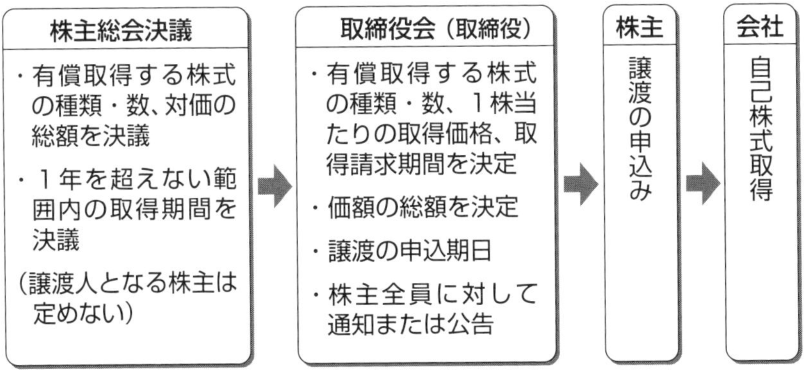

・子会社からの株式の取得（会社法163条）

子会社からの株式の取得は、株主総会の普通決議（取締役会設置会社の場合は取締役会決議）によって、子会社が保有する親会社の株式を親会社が取得できます。

子会社が親会社の株式を保有していても、適切な権利行使が期待できないので、子会社は親会社の株式を相当な時期に処分しなければなりません。そこで、比較的緩やかな手続きで、親会社は子会社から親会社の株式を取得できることにしています。

◉ 特定の株式を会社が取得するケース

種類株式の中には、あらかじめ決められた規定のもとで、自己株式の取得が行われることになっているタイプがあります。具体的には、取得条項付株式の取得、全部取得条項付種類株式の取得などです（197ページの①⑤の場合）。

取得条項付株式とは、一定の事由が生じたことを条件（取得条件）として、会社が株主の同意なしで取得できる条項のついた株式のことです。取得条項付株式の取得条件は会社が定款で定めますが、その内容で多いのが「会社が取得する日の到来」を取得条件とする場合です。定款に具体的な日付が記載されている場合は、その日が到来すると強制的に取得が行われます。

全部取得条項付種類株式とは、株主総会の特別決議によって、会社がすべての株式を取得できる種類株式のことです。全部取得条項付種類株式を会社が取得するには、株主総会を招集し、特別決議による承認を受けなければなりません。

◉ その他のケース

会社が自己株式を取得できるその他のケースとして、単元未満株式の株主からの買取請求（会社法192条）、反対株主からの株式買取請求などがあります。

単元未満株式とは、市場で取引できる株式数（単元株）の最低限に満たない保有株式のことです。株主であるにもかかわらず、議決権が制限され、市場で売買もできないため、他の株主とは無関係に、会社に対して単元未満株式の買取りを求めることができます。

反対株主からの買取請求は、定款変更や組織再編（189ページ）などのように、株主の権利に重大な影響を及ぼす株主総会決議に反対した株主が、株主を辞めたいときに行使する権利です。

また、相続その他の一般承継により、会社にとって不都合な人物が新たに株主になることを防ぐため、会社は、定款で相続人その他の一般承継人に対する売渡請求権を定めることができます（会社法174条）。対象となる株式は譲渡制限株式に限定されています。会社は、相続その他の一般承継を知ってから1年以内に、株主総会の特別決議に基づいて売渡請求ができます。

■ 取得請求権付株式と取得条項付株式

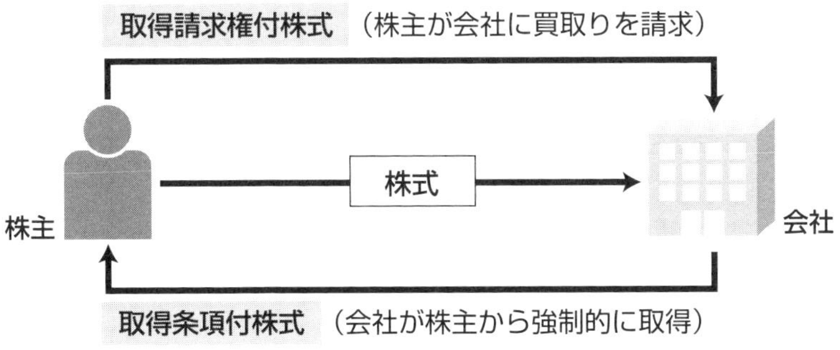

Q 子会社が親会社の株式を取得することはなぜ禁止されているのでしょうか。例外的に認められている場合についても教えてください。

A 子会社が親会社の株式を取得することは、一部の例外を除いて禁止されています。つまり、会社法135条2項と会社法施行規則23条で列挙されているケースだけが例外に該当します。

さらに、例外に該当するとしても、相当の時期に子会社は親会社の株式を処分しなければなりません。子会社が親会社の株式を保有することが原則禁止されるのは、これが許されると会社の利害関係者の間で様々な問題が起こるおそれがあるからです。具体的には、①資本の空洞化、②株主総会決議の歪曲化、③株価の不正操作、④インサイダー取引の誘発などの問題を挙げることができます。

資本の空洞化とは、親会社と子会社がお互いを引受先とする増資を行うような場合です。これを認めてしまうと、計算上は親会社も子会社も増資したことになりますが、実際のところ資本はまったく増えていないことになります。

株主総会決議の歪曲化とは、次のことを指します。つまり、子会社が親会社の株主になると、子会社が親会社の意思決定に関与できることになります。一方、親会社は子会社を支配していますから、親会社が子会社を利用して、親会社の意向に沿って議決権を行使させることが可能になってしまいます。

また、親会社に関する未公開の重要事項を知った子会社の役員が、その情報を利用して、親会社株式のインサイダー取引に手を染めるおそれがあります。

●例外的に認められる場合もある

子会社が例外的に親会社の株式を取得することが認められる場合について、会社法135条2項では以下のケースを挙げています。

・他の会社の事業の全部を譲り受ける場合において当該他の会社の有する親会社株式を譲り受ける場合
・合併後消滅する会社から親会社株式を承継する場合
・吸収分割（1つの会社を複数の会社に分割し、分割する会社の事業を他の既存の会社に引き継がせること）により他の会社から親会社株式を承継する場合
・新設分割（1つの会社を複数の会社に分割し、分割する会社の事業を新設する会社に引き継がせること）により他の会社から親会社株式を承継する場合

また、会社法施行規則23条では、以下のケースなどで、子会社による親会社株式の取得が認められています。

・子会社が親会社の株式を無償で受け取る場合
・現物配当として受け取る場合
・三角合併（消滅会社の株主に対して、存続会社の株式ではなく、存続会社の親会社の株式を交付する形で行う合併のこと）などの対価として親会社株式を受け取る場合

■ 子会社による親会社の株式取得が認められる場合 ……………

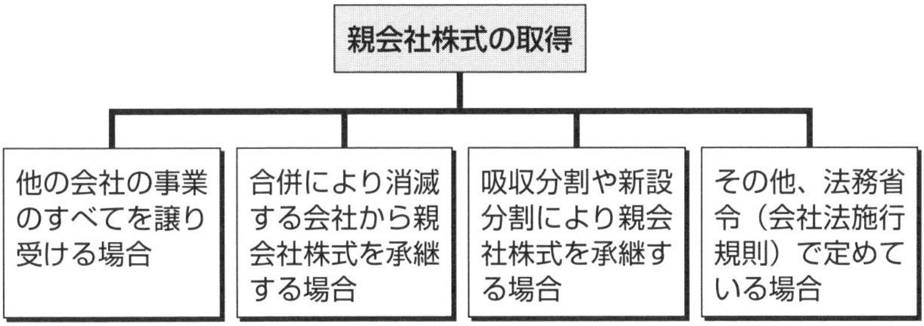

6 自己株式の処理について知っておこう

自己株式の処理は「処分」と「消却」の2種類がある

◉ どのような方法があるのか

取得した自己株式の処理方法は、金庫株として保有する他に2つあります。つまり、売却や代用交付（206ページ）などの「処分」と、廃棄して無効にする「消却」です。処分には、①第三者に売却する場合、②処分について「別段の定め」がある場合の2つがあります。

自社が保有している自己株式の処分は、形式的には新株発行と似ていますから、自己株式の処分には「別段の定め」がない限り新株発行と同じ手続きが必要です。また、インサイダー取引などの不公正な取引を引き起こすおそれがあるので、自己株式の市場での売却は禁止されています。

なお、会計上は自己株式の処分・消却と新株発行はまったく違います。自己株式は定款に定められている発行可能株式総額（授権資本枠）の範囲外ですから、その処分・消却に際しては授権資本枠を気にする必要がありません。会計上も自己株式の処分・消却による損益は「その他資本剰余金」の増減があるだけです。

◉ 第三者に売却するには

自己株式の処分をする場合は、原則として、新株発行と同じ手続きが必要なので、第三者に売却する際もそれに従います。

取締役会設置会社の場合は、取締役会決議によって、処分する自己株式の種類と数、処分価格、払込期日などを決定します。ただし、処分価格が市場価格よりも安い場合、つまり有利処分をしようとする場合には、株主平等の原則を侵す危険性がありますので、株主総会の特別決議が必要になります。

◉ 自己株式を消却することもある

自己株式の消却とは、会社が保有する自己株式を廃棄し、無効にすることです。取締役会設置会社の場合は、取締役会の決議に基づいて消却の手続きを行います。消却するのですから処分価格や払込期日の設定は不要ですが、消却する株式の種類・数は取締役会で決めなければなりません。さらに、株式を無効にするので、株主名簿から登録を抹消する手続きを、特に事情がない場合にはすぐに行わなければなりません。

また、自己株式の消却は無償で行わなければならないため、消却の対象となった自己株式の帳簿価額を、貸借対照表の「その他資本剰余金」から減額することになります。

自己株式の消却は株主還元の意味もあります。発行済株式総数が減るのですから、配当金の総額が同じであれば、株主が受け取る配当金が増えます。株式の数が減るということは、1株当たりの株式の価値が上がることにもつながります。自己株式の消却が市場で株価が上がる要因になるのは、このためです。

株主に利益を還元するという意味では、金庫株による自己株式の保有も自己株式の消却も効果は同じです。しかし、金庫株は他の会社の買収などの原資として再び市場に放出される可能性があります。そのため、本当の意味で株主還元となるのは、自己株式の消却だと考えることもできます。

◉「別段の定め」がある場合

「別段の定め」がある場合の自己株式の処分（前ページ）とは、①合併・会社分割・株式交換といった組織再編を行う場合、②新株予約権（168ページ）の行使を受けた場合、③株式を無償割当する場合、④単元未満株式の買増請求を受けた場合などに、新株発行に代えて自己株式を交付するケースを指します。

これらは新株発行の代用ですから「代用交付」といいます。代用交付の場合は、新株発行の手続きは適用されません。交付理由ごとに定められた手続きに従って自己株式を処分します。

ただし、前述した「別段の定め」について、会社法には明確な規定があるわけではありません。「代用交付」という言葉も会社法の条文には登場しません。実際のところ、自己株式の処分の手続きは、原則として、新株発行手続きと同じように行う、ということが会社法199条から読み取れる他は、自己株式の処分に関する規定をはっきりと定めた条文は会社法には存在しません。

このように、自己株式の処分については、法律の規定がなくとも認められるケースがありますので、迷ったときは弁護士などの専門家などに相談することが重要です。

■ 株式の消却

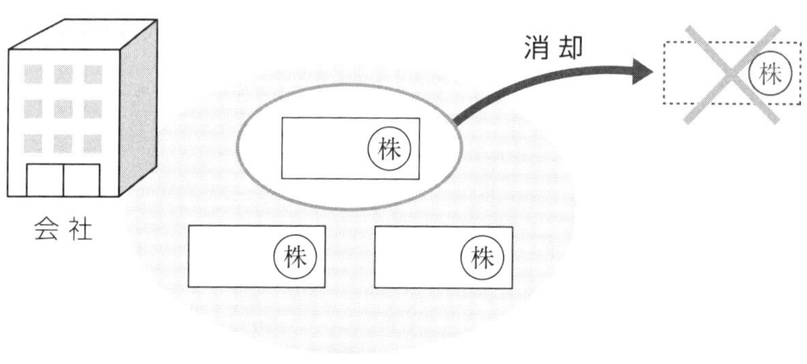

7 株式交換や株式移転、株式交付についておさえておこう

親会社と子会社の関係を作るために活用されるスキームである

◉ 株式交換とは

大きな企業グループでは、持ち株会社制度を導入しているケースが増えています。持ち株会社制度を円滑に導入できることを目的としているのが、株式交換と株式移転の制度です。

ある会社が別の会社の株式をすべて買い取って完全子会社にしようとすれば、完全子会社となる会社の株主から株式を買い取らなければなりません。そこで、株式買取りの対価として自社の新株または自己株式を交付する場合を**株式交換**といいます。株式交換では、会社の資金を拠出することなく、他の会社を完全子会社とすることができますので、使い勝手のよい手法といえます。

◉ 株式交換の手続きはどのようになっているか

株式交換の手続きは、まず、完全親会社側の会社と完全子会社側の会社との間で株式交換契約書を結びます。次に、両方の会社において株主総会の特別決議による承認を得る必要があります。ただし、完全子会社側の純資産額が完全親会社側の純資産額に比べて著しく少ないときは、完全親会社側の株主総会決議が不要です（簡易再編、189ページ）。交換相手が小さな会社の場合は株主に対する影響が軽微であり、株主総会決議をするのは非効率といえるからです。

両方の株主総会で承認を受けると、完全親会社側は、完全子会社側の株主から株式を譲り受け、自社の株式を交換比率に従って交付します。つまり、完全子会社側の株主は、完全親会社側の株

主になるわけです。また、株主総会で株式交換に反対した株主は、それぞれの会社に対して株式買取請求をすることができます。

会社の組織が大きく変わりますので、本来ならば、債権者の権利保護も考えなければなりません。株式交換だけが行われる場合は、株主が変わるだけであって、債権者が不利益を被るおそれがないため、個々の債権者への通知など債権者保護手続きを取る必要はありません。ただし、完全親会社となる会社が株式以外の財産も交付する場合や、新株予約権付社債の保有者がいる場合などは、債権者が不利益を被るおそれが出てきますので、例外的に債権者保護手続きを取る必要があります。

◉ 株式移転とは

株式移転は、持ち株会社制度を導入する方法のうち、完全親会社が新設される場合をいいます。完全子会社の株式の保有のみを目的とする純粋持ち株会社の制度を導入する際に使われます。

完全子会社となる各会社の株主は、自ら保有する株式を完全親会社に渡し、代わりに完全親会社の株式を受け取ります。完全親会社が新設されるので「交換」ではなく「移転」という言葉を使っていますが、各会社の利害関係者（株主や債権者など）にとって、実際の中身は株式交換とほとんど変わりません。

◉ 株式移転はどんな手続きをするのか

株式移転を発案するのは、完全親会社（純粋持ち株会社）を設立してその完全子会社になろうとする既存の各会社です。各会社は株主総会の特別決議による承認を得なければなりません。また、この時点では完全親会社自体が存在していないため、株式交換の場合に認められている簡易再編は認められません。

各会社の株主総会で承認を受けた後は、完全親会社の設立です。

完全親会社の傘下に入る各会社が株式移転計画を策定し、完全親会社を登記します。各会社の株主は完全親会社の株主になります。

株式移転に反対した株主は、株式交換の場合と同じく、各会社に対して株式買取請求ができます。また、債権者の権利保護についても株式交換の場合と同じです。原則として、債権者保護手続きは不要ですが、完全親会社の傘下に入る各会社の新株予約権付社債の保有者がいる場合は、債権者保護手続きが必要です。

◉ 株式交付とは

株式交付は、株式会社が自社（親会社となる会社）の株式を対

■ 株式交換と株式移転のしくみ

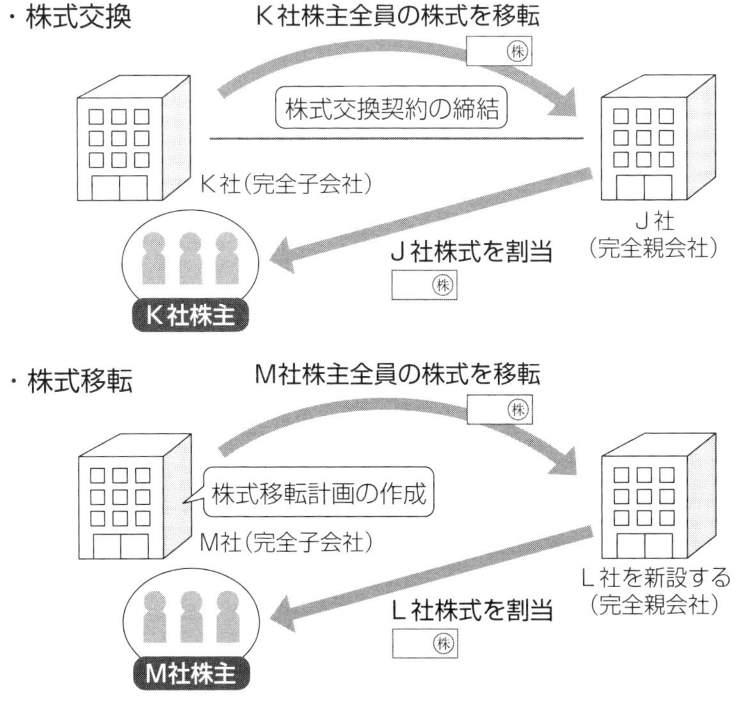

象会社（子会社となる会社）の株主に交付することによって、他の株式会社を子会社化することができる制度です。自社株対価による企業買収を促進するために、令和元年（2019年）12月に成立した改正会社法によって創設されました。

株式交換では、子会社となる会社の全株主から株式を強制的に取得することになるため、100％子会社化する場合にしか利用ができないという欠点があります。これに対し、株式交付制度は、対象会社（子会社となる会社）の全株主のうち、申込みのあった株主からのみ株式を取得することによって、子会社化する方法ですので、100％子会社化する場合以外にも利用することができます。

◉ 株式交付の手続きはどのようになっているか

①　親会社となる会社（株式交付親会社）における手続き

株式交付親会社は、まず、子会社となる会社の商号・住所や、当該会社から譲り受ける株式数の下限や対価、申込の期日、株式交付の効力発生日などの事項を定めた株式交付計画を策定した上で、原則として、効力発生日の前日までに株主総会の特別決議による承認を受けなければなりません。

株式交付計画に反対する株式交付親会社の株主は、株式交付親会社に対し、自己が保有する株式を公正な価格で買い取ることを請求することができます。また、株式交付親会社の株式以外の対価を交付する場合においては、株式交付親会社の債権者は、株式交付親会社に対し、株式交付について異議を述べることができ、債権者が異議を述べた場合には、債権者異議手続きがとられます。

②　子会社となる会社（株式交付子会社）における手続き

子会社となる会社（株式交付子会社）においては、会社法上は、特段の手続きは不要です。株式交付親会社と、株式交付に応じる株式交付会社の株主との間で手続きが進行されるからです。

8 自己株式の利用法について知っておこう

会社の事業活動に関する５つの利用法

◉ どんな利用法があるのか

自己株式の利用法には、①組織再編、②財務戦略、③株価対策、④買収防衛策、⑤役員や社員の士気向上などがあります。

① 組織再編

組織再編に必要な現金の代わりに自己株式を活用するという利用法です。合併や吸収分割といった組織再編を行う際に、以前は現金が必要でしたが、現在では自己株式を現金の代わりに使い（これを代用交付と呼ぶことがあります）、財務状態を悪化させることなく組織再編をすることができます。新株発行や自己株式の放出には、１株あたりの利益低下（株式の希薄化）の問題があります。しかし、新株発行と比べると、自己株式の放出は株式の希薄化のインパクトが薄いというメリットがあります。

② 財務戦略

財務戦略は、自社の株式の価値を上げるための利用法です。自己株式を取得すると、その株式は株式の価値（株価）の計算から除外されます。これにより、株主資本をもとにどのくらい効率的に利益を上げているのかを示すROE（自己資本利益率）の数値や、１株当たりの純利益であるEPS（１株利益）の数値が上がります。特に市場関係者が「妥当な株価」の算出をする際は、EPSにPER（株価収益率）という指標を掛ける方法がよく利用されますので、EPSの値が高くなれば「妥当な株価」も上がります。

また、取得した自己株式については、利益配当が禁じられていますので、配当金の支払総額を軽減する効果も期待できます。

③　株価対策

株価が低く評価されるのを防ぐための利用法です。株価を決める要素としては、株式の需要と供給のバランスも挙げられます。持ち合い解消などで市場に多数の株式が放出された場合、需要と供給のバランスが崩れて株価が下がることがあります。そこで、自己株式を取得することで、需要と供給のバランスを元に戻し、株価を安定させる効果が見込めます。

また、自己株式の取得は株価の値上げ要因になるため、株主を重視していることを市場に伝える効果も期待できます。株主は利益配当に期待しますが、配当額は一度上げるとなかなか下げることができません。そこで、配当額を上げる代わりに自己株式を取得することで、株主への利益還元を増加させるケースが増えています。

④　買収防衛策

敵対的買収（次ページ）を避けるには、株価をできる限り上げる必要があります。買収価格が高ければ、それだけ買収されにくくなるので、自己株式の取得は敵対的買収を防ぐ効果が期待できます。

さらに踏み込んで、取得した自己株式をホワイトナイト（敵対的買収から守ってくれる株主）に譲渡することによって、敵対的買収を防ぐこともできます。

⑤　役員や社員の士気向上

自己株式をストックオプション（88ページ）として活用する利用法です。株価が上がった時点で権利を行使し、取得した株式を市場で売れば、売却価格と取得価格の差額が利益になります。

利益を上げるためには株価を上げなければなりません。株価を上げるためには会社の業績を上げる必要があります。そのためには、役員や社員は仕事に励む必要があります。このような理由で、ストックオプションは士気向上に結びつくわけです。

9 自己株式取得と株式公開買付制度の関係について知っておこう

市場外で自己株式を取得する場合は公開買付が原則

◉ 敵対的買収予防に自己株式を取得する

自社にとって好ましくない個人や組織による会社の買収のことを**敵対的買収**といいます。敵対的買収を予防するには、自社の株価を上げるのが有効な対策のひとつです。そのためには、会社の業績を上げることが重要ですが、たとえ業績が上がっても、持ち合い株式の解消などの外的な理由から、市場に大量の自社株式が放出され、株価が下がることもあります。これは市場での株式の需給関係のバランスが崩れたことが原因ですから、株価を元に戻すには、市場で余っている（俗に「ダブついた」と呼ばれることもあります）株式を誰かに買ってもらわなければなりません。その際に自己株式の取得を行えば、株価は戻ると考えられます。つまり、敵対的買収の予防策としては、自社の業績を上げることと、自己株式の取得が有効といえるのです。

自己株式を特定の株主との合意により取得する場合は、株主総会の特別決議を必要とするのが原則です（189ページ）。

しかし、取締役会設置会社の場合は、定款で定めることにより、取締役会決議を経るだけで、市場取引や公開買付の方法によって、自己株式を取得することができます（会社法165条２項）。公開会社は取締役会の設置を義務付けられている取締役会設置会社であるため、公開会社であれば、株主総会の決議以外の方法でも自己株式を取得することができるわけです。

◉ 必ず公開買付によらなければならない場合とは

一般に、株式を買い付ける方法として、市場取引、市場外取引及び相対取引があります。これを自己株式の取得に当てはめた場合、買い付ける株式数が少なければ、市場から買い付ければよいことになります（市場取引）。大量に買い付ける場合でも、特定の株主から直接買い付けるのであれば（相対取引）、公開買付制度は適用されません。

これに対し、不特定多数の株主から大量に買い付ける場合は、株価の急騰をはじめ市場を混乱させるおそれがあるので、市場外取引を選択せざるを得ません（時間外の市場取引による大量買付けは規制されています）。つまり、不特定多数の株主から大量の自己株式を取得する際は、公開買付の方法によらなければなりません。

◉ 大量の株式の買付けとはどのくらいの株式数なのか

公開買付が義務付けられる類型は６つあります（135ページ）。たとえば、①３か月間に市場の内外から10％以上（うち５％は市場外から）の株式を取得することで、発行済株式総数の３分の１を超える株式を保有する場合、②市場外取引で買い付けた後の株式保有割合が３分の１を超える場合（３分の１ルール）、③11名以上の者から市場外取引で買付けを行い、買付け後の株式保有割合が５％を超える場合（５％ルール）などがあります。

◉ 公開買付についての主な規制

既存の株主などの利害関係者を保護するために、様々な規制が設けられています。

まず、会社が公開買付けを始めることを公告してから10営業日以内に、公開買付の理由などを表明する「意見表明報告書」を公表しなければなりません（140ページ）。公開買付の意味を投資家にしっかりと説明することが義務付けられているわけです。

また、公開買付によって発行済株式総数の３分の２以上を保有することになった場合、公開買付に応募した株主全員から株式を買い取らなければなりません（全部買付の義務）。上場廃止（185ページ）後に株主に不利益が生じるのを防ぐためです。

インサイダー取引規制（167ページ）も重要です。公開買付を決めるのは取締役会であることから、取締役会のメンバーが最初に公開買付の事実を知る立場にあります。このような重要事実を発表前に利用して自社株式を売買し、利益を上げたとすると、大きな問題です。こうしたインサイダー取引を防止するために、金融商品取引法では、役員や主要株主の短期売買には利益の返還義務を設けると共に、違反者に対しては懲役・罰金といった刑事罰や課徴金を課すことになっています。

■ 公開買付の流れ

公開買付の開始公告（公開買付の開始）

開始公告の日に公開買付届出書を提出する

対象会社による意見表明書の提出

公開買付者は意見表明書の質問に対して、対質問回答報告書を提出する

公開買付の終了

公開買付者は、応募株主に対して公開買付説明書を交付する

内閣総理大臣に公開買付報告書を提出する

Q 会社は社債をなぜ発行するのでしょうか。社債の発行手続きについて教えてください。

A 投資家に対する会社の借金のことを社債といいます。社債は会社の外部資金調達のひとつです。社債権者は期限が到来したら、元本の返済を受け、それまでの間は利息の支払いを受ける権利をもちます。株式会社だけでなく、持分会社（合同会社、合資会社、合名会社）も社債を発行することができます。

社債は、一般公衆を対象とする大量かつ長期的な債権であり、継続的に社債権者と利害関係をもつことから、社債権者を団体的に取り扱って保護する必要があります。そのため、会社が社債を発行する場合には、社債管理者（社債権者のために社債の管理をする機関のこと）を設置しなければなりません。

また、社債権者の利害に関する事項については、社債権者が集まる社債権者集会で決められます。

社債は、会社に対する権利（債権）ですから、そのままでは目に見えるものではありませんが、証券化することもできます。社債権を証券化したものが社債券です。証券化することにより、社債権を譲渡しやすくすることができます。

●社債の発行手続き

取締役会設置会社の場合、社債を公募によって発行する場合（公募発行）は、次のような手順をとります。

① 取締役会は、社債の総額、各社債の金額、社債の利率、社債の償還の方法・期限、利息支払の方法・期限などを定めた募集要項を決定し、社債権者を募集します。

② 募集に応じて社債の引受けを申し込む者が、社債申込証を会社に提出します。

③ 会社は募集者の中から割当を受ける者、割り当てる社債の金額、

金額ごとの数を決定し、社債と引換えにする金銭の払込みの期日（払込期日）までに、割当を受ける者に対してそのことを通知します。

④　会社から割当を受けた者は、その時点で社債権者となります。この際、社債券（社債権を証券にしたもの）を発行することもできます。

⑤　会社は社債原簿を作成し、社債権者の氏名・住所、社債の金額・利率などの必要事項を記載します。

なお、特定の者が社債の総額（全部）をまとめて引き受ける場合（総額引受）には、上記の②③のような社債権者が複数いるのを前提とする手続きは不要です。また、④の手続きについて、総額引受の場合は、社債の総額をまとめて引き受けた時点で社債権者となります。

以上の手続きを経て社債権者となった者は、払込期日に払込みをしなければなりません。払込みをしなかった場合、社債権者の地位を当然には失いませんが、期限到来時に会社から返済を受けることはできません。

■ 社債制度

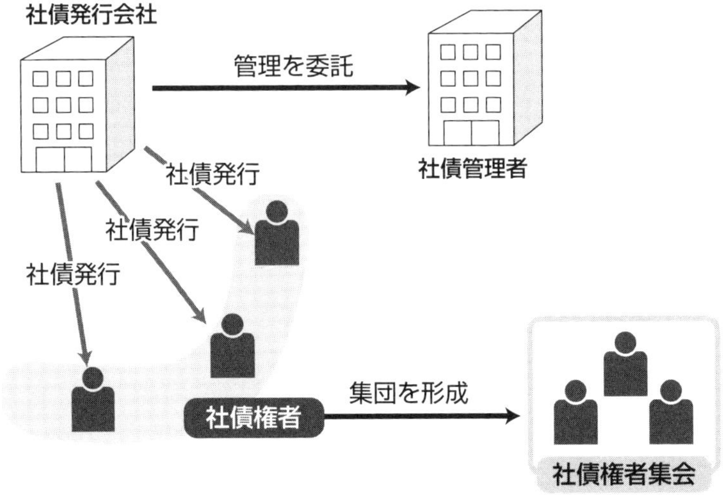

10 金融商品取引法に違反すると取締役はどんな責任を負うのか

会社法上、民事・刑事の責任を負う可能性がある

◉ 役員の会社に対する責任

金融商品取引法違反の行為により、会社法上の民事・刑事の責任を負うことがあります。

まず、役員等（取締役、執行役、監査役、会計参与、会計監査人）が、その任務を怠って（善管注意義務や忠実義務違反など）、会社に損害を与えた場合、会社法上の一般的な責任として会社に対して損害賠償責任を負います。責任を負う役員は取締役に限られていないため、たとえば、会計監査人として職務を行っていた監査法人が責任を問われる可能性もあります。

金融商品取引法で定められている届出などを行わなかったことが発覚した結果、会社の株価などが大幅に下落したような場合が責任を負う例です。会社が取締役の責任を追及しない場合、株主代表訴訟という形で株主による責任の追及が行われます。

◉ 役員の第三者に対する責任

役員等の任務違反行為によって、会社以外の第三者（株主や会社債権者）に損害が発生した場合、会社法上、役員等は第三者に対しても責任を負います。具体的には、任務懈怠についての悪意（知りながら）または重過失（重大な不注意）があったために、第三者が被った損害を賠償する責任を負います。

たとえば、金融商品取引法で定められている届出を行わず、また財務諸表に虚偽の記載をした結果、第三者に損害を与えた場合、役員等はその損害を賠償しなければなりません。

◉ 会社法上の罰則

金融商品取引法違反の行為については、金融商品取引法上も罰則が定められています（221ページ）。さらに、有価証券報告書への虚偽記載といった行為は取締役の任務に違反する行為ですから、会社法上の特別背任罪にあたる可能性があります。背任行為とは、他人の事務を委託された者が、自己や第三者の利益を図り、または会社に損害を加える目的で、任務に背く行為をすることです。取締役が任務に背く行為をすると、会社に対する背任行為となり、特別背任罪として10年以下の懲役または1000万円以下の罰金を科されることがあります（双方が併科される場合もあります）。

また、虚偽記載などにより、本来できない違法な配当を行った場合など、会社財産に悪影響を与えたときは、会社財産を危うくする罪によって、５年以下の懲役または500万円以下の罰金が科されることもあります（双方が併科される場合もあります）。

■ 役員に科される可能性がある罰則

罪　名	主　体	行　為	罰　則
特別背任罪	発起人、取締役、執行役、監査役、会計参与など	自己若しくは第三者の利益を図る目的、又は会社に損害を加える目的で、任務に背く行為をし、会社に損害を加えること	10年以下の懲役又は1000万円以下の罰金（併科の場合もある）
会社財産を危うくする罪	発起人、取締役、執行役、監査役、会計参与など	株式などの引受による払込に際して、裁判所や総会で虚偽の申述、事実の隠ぺいをすること	５年以下の懲役又は500万円以下の罰金（併科の場合もある）
	取締役、執行役、監査役、会計参与など	①会社の計算で不正に株式を取得すること、②法令・定款に反する剰余金の配当、③会社の目的範囲外の投機取引のための会社財産の処分	

Q 公開買付規制に違反する手続きによって株式を取得した者の議決権行使は制限されないのでしょうか。

A 金融商品取引法違反の手続きによって株式を取得した者は、刑事罰や課徴金といった制裁の対象となります。しかし、金融商品取引法が規定する公開買付規制に違反して株式を取得した者であっても、株主総会で議決権を行使すること自体は可能とされています。そのため、このような違法に株式を取得した者については議決権行使を制限するべきではないかという点について議論されています。

たとえば、会社法制の見直しによって、金融商品取引法に違反して株式を入手した者が、株主総会において議決権を行使することの差止め（議決権行使差止め）を可能とすべきであるという見解があります。具体的には、公開買付に関する金融商品取引法の規定に違反した株主（違反株主）がいる場合、違反株主以外の株主が、違反株主による議決権行使の差止めを請求できるようにする制度の導入を求めるものです。

しかし、金融商品取引法における公開買付規制の違反があったからといって、株式売却の機会を奪われた株主に対して、損害賠償請求等による損害の回復という方法を超えて、他の株主の基本的な権利である議決権行使の差止請求権まで認めるのが相当かは疑問であるという反対意見があります。

そのため、令和６年（2024年）１月現在、議決権行使差止めの制度は導入されていません。ただし、違反株主が実際に議決権行使をした場合は、「特別の利害関係を有する者が議決権を行使したことによって、著しく不当な決議がされた」として、株主総会決議取消しの訴えによって、その者が議決権を行使した株主総会決議の有効性を争う余地があります。

11 金融商品取引法に違反するとどうなるのか

刑事責任や民事責任を問われたり行政処分を受ける可能性がある

◉ 金融商品取引法に違反した場合の責任

金融商品取引法違反に対しては、刑事責任（刑事罰）、民事責任（損害賠償責任）が問われる他、行政処分（営業停止、登録取消しなど）を受ける可能性もあります。

◉ 刑事責任について

金融商品取引法違反に対しては、違反行為の内容に応じた刑事罰が科されます。

たとえば、届出をせずに募集または売出しを行った者や、インサイダー取引を行った者に対しては、５年以下の懲役または500万円以下の罰金が科されます（懲役刑と罰金刑が併せて科される場合もあります）。また、会社の代表者や代理人、使用者その他の従業員が、会社の業務に関して金融商品取引法に違反する行為を行った場合、その会社に対しても５億円以下の罰金が科されます（両罰規定）。

刑事罰が問題になった場合は、違反者に対して、証券取引等監視委員会（225ページ）による犯則調査や、捜査機関（警察・検察）による捜査が行われます。

なお、罰金と後述する課徴金（223ページ）は、金銭を国に納める点では共通しています。しかし、罰金は刑事罰として科されるのに対して、課徴金は行政処分としての金銭納付命令である点で、その性質が異なります。

◉ 民事責任について

金融商品取引法に違反した場合は、民事責任として損害賠償責任を負うことがあります。たとえば、有価証券届出書に重要な虚偽記載があった場合、その届出書をもとに有価証券を取得した者は、有価証券届出書を提出した会社に損害賠償請求ができます（97ページ）。

◉ 行政処分について

金融商品取引法に違反した場合は、金融庁長官などから行政処分を受けることがあります。行政処分とは、法令に基づいて行政機関が独自に行う、業務改善命令、業務停止命令、登録取消しなどの法的措置のことです。

◉ その他に受ける不利益

金融商品取引法違反の事実が発覚すると、違反した会社の社会的評価が低下する他、取引相手から取引を打ち切られる可能性が出てきます。さらに、株価低下を招く原因にもなり、投資家が違反した会社の有価証券の購入を見合わせることが予想されます。

また、金融商品取引法違反の行為をした金融商品取引業者等は、日本証券業協会から戒告、除名などの処分を受ける可能性があります。証券取引所に参加している場合であれば、証券取引所での取引資格が取り消される可能性もでてきます。

■ 金融商品取引法違反に対する制裁

刑事責任	民事責任	行政処分
・懲役刑 ・罰金刑	・損害賠償責任	・業務改善命令 ・業務取消命令 ・登録の取消し

12 課徴金制度について知っておこう

行政上の措置としての金銭の納付命令

◉ 課徴金制度とは

市場が健全に機能するためには、市場の公正性・透明性が確保されることが必要です。しかし、金融商品取引法違反に対して制裁を行うことができなければ、規制をする意味がありません。そのため、金融商品取引法は、一定の規定に違反した者に対して、行政上の措置として金銭（課徴金）の支払いを命ずる（課徴金納付命令）という、**課徴金制度**を導入しています。

課徴金納付命令は、違反者の故意・過失を問わずに行われます。課徴金の額は、違反者が違反行為によって得た利益の額によって決まります。

◉ どんな行為が課徴金制度の対象になるのか

課徴金制度の対象となるのは、刑事罰を科すほどではない程度の違反行為です。たとえば、有価証券を新規に発行する際、重要事項に虚偽記載がある開示書類（有価証券届出書など）や目論見書（80ページ）を使用して、有価証券の募集や売付けなどを行った場合は、課徴金制度の対象となります。

課徴金の額は、有価証券の発行価額・売出価額の総額の2.25％（株券等の場合は4.5％）です。重要事項に虚偽記載がある継続開示書類を提出した場合の課徴金の額は600万円が下限であり、発行した有価証券の市場価格の総額の10万分の６に相当する額が600万円を超える場合は、その額が課徴金の額とされます。

一方、半期報告書や臨時報告書の虚偽記載の場合の課徴金の額は、有価証券報告書の場合の課徴金の額の２分の１とされます。

その他にも、見せ玉行為（165ページ）、インサイダー取引（167ページ）などの不公正な取引を行った場合も、課徴金制度の対象となります。さらに、重要事項に虚偽記載のある開示書類の提出に加担する行為や、投資家が他人の計算（負担）で不公正な取引をする行為も課徴金制度の対象です。

◉ 課徴金制度の手続きの流れ

課徴金制度の手続きは、まず、証券取引等監視委員会が、課徴金制度の対象となるかどうかの調査を行います。調査の結果、違反事実があると判断した場合は、その点を内閣総理大臣と金融庁長官に勧告します。勧告を受けた金融庁長官は、審判手続開始決定を行います。

課徴金納付命令をするための審判手続きは、３人の審判官によって公開で行われます。審判手続きを経て、審判官は課徴金納付命令に関する決定案を作成します。金融庁長官は決定案を参考にして、課徴金納付命令を決定します。

課徴金が納付されない場合は督促が行われ、それでも納付されなければ、強制執行の手続きに移行します。

■ 課徴金制度と審判手続き

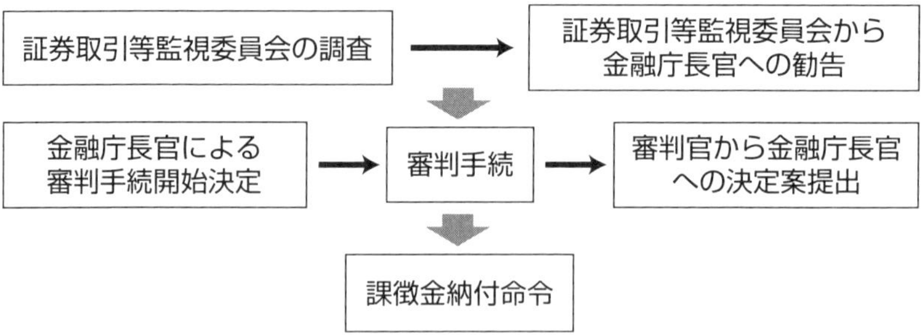

13 証券取引等監視委員会について知っておこう

金融商品取引法違反に対する調査や検査などを行う行政機関

◉ 証券取引等監視委員会とは

証券取引等監視委員会は、金融商品取引法違反に対する調査・検査などを行う、金融庁に設置された行政機関です。証券取引等監視委員会の事務は、金融商品取引業者などに対する調査・検査（証券調査・開示検査）、刑事告発をするための調査（犯則調査）、調査・検査に基づく行政処分の勧告（取引調査）などです。

◉ 調査・検査の権限とはどのようなものか

証券取引等監視委員会は、金融商品取引業者などに対して、業務や財産の状況について検査・調査をする権限を有しています（証券調査）。しかし、行政処分をする権限は有していないので、金融庁長官に行政処分を行うよう勧告します。

また、有価証券報告書などの開示書類に虚偽記載がないかについても検査します（開示検査）。虚偽記載がある場合は、証券取引等監視委員会の勧告に基づき、金融庁長官が訂正命令を行います。事案によっては課徴金納付命令を行う場合もあります。

◉ 犯則事件の調査について

犯則事件とは、有価証券取引等の公正を害するものとして政令で定める犯罪のことです。損失補てん、インサイダー取引、風説の流布、相場操縦などが犯則事件に該当します。また、犯則事件に対する調査を犯則調査といい、特別調査課が担当しています。犯則調査の過程で、裁判官の発する令状を用いて、臨検（立ち入り検査)、捜索、差押えをすることも可能です。

そして、証券取引等監視委員会が、犯則調査の結果として犯罪行為があったと判断した場合は、検察官（検察庁）に対して告発(刑事告発）を行います。

告発を受けた検察官は、裁判所に対して公訴（刑事事件の裁判を求めること）を提起し、刑事裁判が行われます。刑事裁判によって犯則事件を起こした者に刑罰が科されることで、証券市場の公正性・健全性を守ることができます。

◉ 作為的相場形成などがないかについても調査する

証券取引等監視委員会は、金融商品取引法に基づき、相場操縦、風説の流布などの不公正取引について調査を行う権限を有しています（取引調査)。

たとえば、証券会社が作為的相場形成（大量の買い注文で株価を引き上げるなど、意図的に相場に対して影響を与えること）を行うと、市場の公正性・健全性が失われますので、この場合は作

■ 証券取引等監視委員会のしくみ

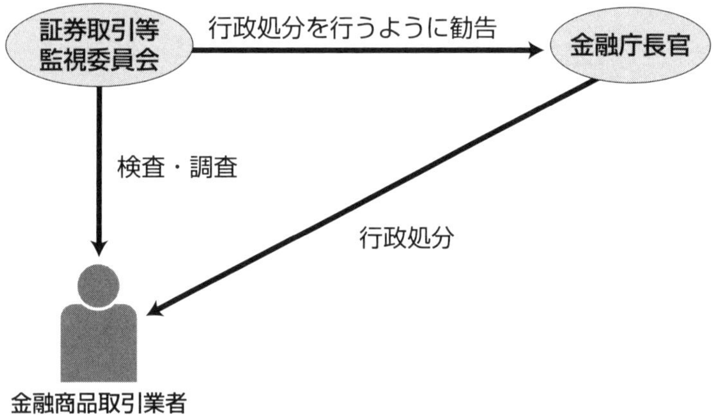

為的相場形成が行われたかどうかの調査を行います。

調査の結果、作為的相場形成が行われていたと認めた場合は、金融庁長官が業務改善命令などの行政処分を行います。事案によっては課徴金納付命令を行う場合もあります。

◉ 検査や事実認定の誤りを争う場合には

証券取引等監視委員会の検査や事実認定に誤りがある場合は、最初に自らの見解を検査官に主張します。次に、証券取引等監視委員会の勧告が出る前に意見申出を行い、金融庁長官による行政処分が発せられる前に聴聞手続きで争います。行政処分が発せられた後は、裁判所に訴訟（行政訴訟）を提起して争います（行政処分の取消訴訟などを提起して争うことになります）。

実務上、争う時期が遅くなればなる程、証券取引等監視委員会の見解を覆すことは困難になります。そのため、可能な限り早期に反論を行うことが重要です。事実認定について反論する場合は、証拠を集めていて提出します。一方、法令解釈について反論する場合は、過去の裁判例や学術論文などを提出します。

■ 証券取引等監視委員会の業務

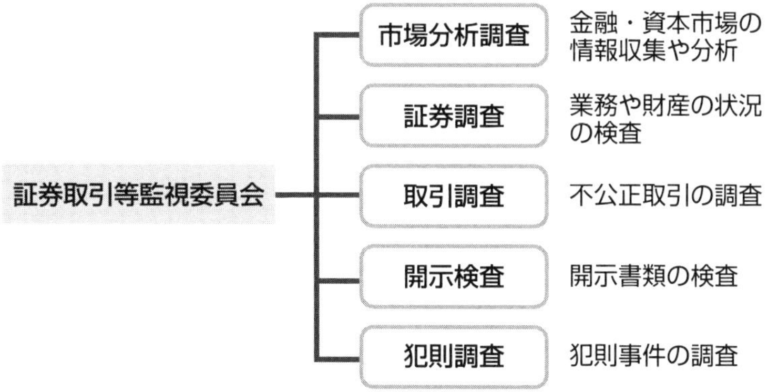

Column

コーポレートガバナンス・コードとスチュワードシップ・コード

日本版スチュワードシップ・コードは、機関投資家を対象として、金融庁が平成26年（2014年）に策定・公表したものです。企業の中長期的な企業価値の向上や持続的成長に資するように、機関投資家が議決権の行使や経営陣との対話を行うことを促す目的で定められました。金融商品取引法や会社法のような「法令」ではないため、法的拘束力を持つものではありませんが、機関投資家が日本版スチュワードシップ・コードを自主的に受け入れることによって事実上のルールとして浸透することが期待されています。

これに対して、コーポレートガバナンス・コードは、東京証券取引所が平成27年（2015年）に策定・公表した、上場会社の「コーポレートガバナンス」に関する主要な原則を示したものです。５項目の基本原則とそれぞれに係る各原則および補充原則によって構成され、３年ごとに改訂されています。コーポレートガバナンス・コードも「法令」ではありませんが、上場会社はコーポレートガバナンス・コードの趣旨・精神を尊重しなければならないとされています。

コーポレートガバナンス・コードに基づいて東京証券取引所の有価証券上場規程も改正されています。東京証券取引所上場会社のうち、プライム市場とスタンダード市場の上場会社は、コーポレートガバナンス・コードに定められた原則を実施するか、または実施しない場合には東京証券取引所の上場規程によって作成・開示される「コーポレート・ガバナンスに関する報告書」の中でその理由を説明する必要があります。グロース市場の上場会社は、コーポレートガバナンス・コードの５項目の基本原則についてのみ、実施しない場合にその理由を説明する必要があります。

巻末資料

金融商品取引法に基づく開示書類の様式

巻末資料の見方

資料１～14は、『金融商品取引法に基づく有価証券報告書等の開示書類に関する電子開示システム』（EDINET）によって提出する書類です。各項目に必要事項を記載します。

たとえば、資料１の有価証券通知書の場合、１の【新規発行（売出）有価証券】欄には、発行株式の銘柄、種類、発行数などを記載します。２の【有価証券の募集（売出し）の方法及び条件】の⑴【募集の場合】欄には、募集方法（株主割当や一般募集など）ごとに発行数、発行価格、払込期日などを記載します。⑵【売出しの場合】欄には、株式や社債など、売り出す有価証券ごとに発行数、発行価格、払込期日を記載します。

資料15は、有価証券の募集または売出しの際に、企業が作成する目論見書の概要をまとめたものです。

資料１　有価証券通知書

１【新規発行（売出）有価証券】
２【有価証券の募集（売出し）の方法及び条件】
⑴【募集の場合】
⑵【売出しの場合】
３【有価証券の引受けの概要】
４【過去１年以内における募集又は売出し】
⑴【募集の場合】
⑵【売出しの場合】

資料２　有価証券届出書（通常方式）

第一部【証券情報】
第１【募集要項】
１【新規発行株式】
２【株式募集の方法及び条件】
⑴【募集の方法】
⑵【募集の条件】
⑶【申込取扱場所】

(4)【払込取扱場所】
3【株式の引受け】
4【新規発行新株予約権証券】
(1)【募集の条件】
(2)【新株予約権の内容等】
(3)【新株予約権証券の引受け】
5【新規発行社債（短期社債を除く。）】
6【社債の引受け及び社債管理の委託】
(1)【社債の引受け】
(2)【社債管理の委託】
7【新規発行コマーシャル・ペーパー及び新規発行短期社債】
8【新規発行カバードワラント】
9【新規発行預託証券及び新規発行有価証券信託受益証券】
10【新規発行による手取金の使途】
(1)【新規発行による手取金の額】
(2)【手取金の使途】
11【会社設立の場合の特記事項】
第2【売出要項】
1【売出有価証券】
(1)【売出株式】
(2)【売出新株予約権証券】
(3)【売出社債（売出短期社債を除く。）】
(4)【売出コマーシャル・ペーパー及び売出短期社債】
(5)【売出カバードワラント】
(6)【売出預託証券及び売出有価証券信託受益証券】
2【売出しの条件】
第3【第三者割当の場合の特記事項】
1【割当予定先の状況】
2【株券等の譲渡制限】
3【発行条件に関する事項】
4【大規模な第三者割当に関する事項】
5【第三者割当後の大株主の状況】
6【大規模な第三者割当の必要性】
7【株式併合等の予定の有無及び内容】

8【その他参考になる事項】
第4【その他の記載事項】
第二部【企業情報】
第1【企業の概況】
1【主要な経営指標等の推移】
2【沿革】
3【事業の内容】
4【関係会社の状況】
5【従業員の状況】
第2【事業の状況】
1【経営方針、経営環境及び対処すべき課題等】
2【事業等のリスク】
3【経営者による財政状態、経営成績及びキャッシュ・フローの状況の分析】
4【経営上の重要な契約等】
5【研究開発活動】
第3【設備の状況】
1【設備投資等の概要】
2【主要な設備の状況】
3【設備の新設、除却等の計画】
第4【提出会社の状況】
1【株式等の状況】
(1)【株式の総数等】
①【株式の総数】
②【発行済株式】
(2)【新株予約権等の状況】
①【ストックオプション制度の内容】
②【ライツプランの内容】
③【その他の新株予約権等の状況】
(3)【発行済株式総数、資本金等の推移】
(4)【所有者別状況】
(5)【大株主の状況】
(6)【議決権の状況】
①【発行済株式】
②【自己株式等】

⑺【役員・従業員株式所有制度の内容】

2【自己株式の取得等の状況】

【株式の種類等】

⑴【株主総会決議による取得の状況】

⑵【取締役会決議による取得の状況】

⑶【株主総会決議又は取締役会決議に基づかないものの内容】

⑷【取得自己株式の処理状況及び保有状況】

3【配当政策】

4【株価の推移】

⑴【最近5年間の事業年度別最高・最低株価】

⑵【最近6月間の月別最高・最低株価】

5【役員の状況】

6【コーポレート・ガバナンスの状況等】

⑴【コーポレート・ガバナンスの状況】

⑵【監査報酬の内容等】

①【監査公認会計士等に対する報酬の内容】

②【その他重要な報酬の内容】

③【監査公認会計士等の提出会社に対する非監査業務の内容】

④【監査報酬の決定方針】

第5【経理の状況】

1【連結財務諸表等】

⑴【連結財務諸表】

①【連結貸借対照表】

②【連結損益計算書及び連結包括利益計算書】又は【連結損益及び包括利益計算書】

③【連結株主資本等変動計算書】

④【連結キャッシュ・フロー計算書】

⑤【連結附属明細表】

⑵【その他】

2【財務諸表等】

⑴【財務諸表】

①【貸借対照表】

②【損益計算書】

③【株主資本等変動計算書】

④【キャッシュ・フロー計算書】
⑤【附属明細表】
(2)【主な資産及び負債の内容】
(3)【その他】
第６【提出会社の株式事務の概要】
第７【提出会社の参考情報】
１【提出会社の親会社等の情報】
２【その他の参考情報】
第三部【提出会社の保証会社等の情報】
第１【保証会社情報】
１【保証の対象となっている社債】
２【継続開示会社たる保証会社に関する事項】
(1)【保証会社が提出した書類】
①【有価証券報告書及びその添付書類】
②【四半期報告書又は半期報告書】
③【臨時報告書】
④【訂正報告書】
(2)【上記書類を縦覧に供している場所】
３【継続開示会社に該当しない保証会社に関する事項】
(1)【会社名・代表者の役職氏名及び本店の所在の場所】
(2)【企業の概況】
(3)【事業の状況】
(4)【設備の状況】
(5)【保証会社の状況】
(6)【経理の状況】
第２【保証会社以外の会社の情報】
１【当該会社の情報の開示を必要とする理由】
２【継続開示会社たる当該会社に関する事項】
３【継続開示会社に該当しない当該会社に関する事項】
第３【指数等の情報】
１【当該指数等の情報の開示を必要とする理由】
２【当該指数等の推移】
第四部【特別情報】
第１【最近の財務諸表】

1 【貸借対照表】

2 【損益計算書】

3 【株主資本等変動計算書】

4 【キャッシュ・フロー計算書】

第2【保証会社及び連動子会社の最近の財務諸表又は財務書類】

1 【貸借対照表】

2 【損益計算書】

3 【株主資本等変動計算書】

4 【キャッシュ・フロー計算書】

資料３　有価証券報告書

第一部【企業情報】

第1【企業の概況】

1 【主要な経営指標等の推移】

2 【沿革】

3 【事業の内容】

4 【関係会社の状況】

5 【従業員の状況】

第2【事業の状況】

1 【経営方針、経営環境及び対処すべき課題等】

2 【事業等のリスク】

3 【経営者による財政状態、経営成績及びキャッシュ・フローの状況の分析】

4 【経営上の重要な契約等】

5 【研究開発活動】

第3【設備の状況】

1 【設備投資等の概要】

2 【主要な設備の状況】

3 【設備の新設、除却等の計画】

第4【提出会社の状況】

1 【株式等の状況】

(1)【株式の総数等】

①【株式の総数】

②【発行済株式】

(2)【新株予約権等の状況】

　①【ストックオプション制度の内容】
　②【ライツプランの内容】
　③【その他の新株予約権等の状況】
(3)【行使価額修正条項付新株予約権付社債券等の行使状況等】
(4)【発行済株式総数、資本金等の推移】
(5)【所有者別状況】
(6)【大株主の状況】
(7)【議決権の状況】
　①【発行済株式】
　②【自己株式等】
(8)【役員・従業員株式所有制度の内容】
2【自己株式の取得等の状況】
【株式の種類等】
(1)【株主総会決議による取得の状況】
(2)【取締役会決議による取得の状況】
(3)【株主総会決議又は取締役会決議に基づかないものの内容】
(4)【取得自己株式の処理状況及び保有状況】
3【配当政策】
4【株価の推移】
(1)【最近5年間の事業年度別最高・最低株価】
(2)【最近6月間の月別最高・最低株価】
5【役員の状況】
6【コーポレート・ガバナンスの状況等】
(1)【コーポレート・ガバナンスの状況】
(2)【監査報酬の内容等】
　①【監査公認会計士等に対する報酬の内容】
　②【その他重要な報酬の内容】
　③【監査公認会計士等の提出会社に対する非監査業務の内容】
　④【監査報酬の決定方針】
第5【経理の状況】
1【連結財務諸表等】
(1)【連結財務諸表】
　①【連結貸借対照表】
　②【連結損益計算書及び連結包括利益計算書】又は【連結損益及び包括

利益計算書】

③【連結株主資本等変動計算書】

④【連結キャッシュ・フロー計算書】

⑤【連結附属明細表】

(2)【その他】

2【財務諸表等】

(1)【財務諸表】

①【貸借対照表】

②【損益計算書】

③【株主資本等変動計算書】

④【キャッシュ・フロー計算書】

⑤【附属明細表】

(2)【主な資産及び負債の内容】

(3)【その他】

第6【提出会社の株式事務の概要】

第7【提出会社の参考情報】

1【提出会社の親会社等の情報】

2【その他の参考情報】

第二部【提出会社の保証会社等の情報】

第1【保証会社情報】

1【保証の対象となっている社債】

2【継続開示会社たる保証会社に関する事項】

(1)【保証会社が提出した書類】

①【有価証券報告書及びその添付書類又は四半期報告書若しくは半期報告書】

②【臨時報告書】

③【訂正報告書】

(2)【上記書類を縦覧に供している場所】

3【継続開示会社に該当しない保証会社に関する事項】

第2【保証会社以外の会社の情報】

1【当該会社の情報の開示を必要とする理由】

2【継続開示会社たる当該会社に関する事項】

3【継続開示会社に該当しない当該会社に関する事項】

第3【指数等の情報】

1【当該指数等の情報の開示を必要とする理由】

2【当該指数等の推移】

資料４　確認書

1【有価証券報告書の記載内容の適正性に関する事項】
2【特記事項】

資料５　四半期報告書

※金融商品取引法の改正により、2024 年４月１日以降は四半期報告書は廃止されます。

第一部【企業情報】
第１【企業の概況】
1【主要な経営指標等の推移】
2【事業の内容】
第２【事業の状況】
1【事業等のリスク】
2【経営者による財政状態、経営成績及びキャッシュ・フローの状況の分析】
3【経営上の重要な契約等】
第３【提出会社の状況】
1【株式等の状況】
(1)【株式の総数等】
①【株式の総数】
②【発行済株式】
(2)【新株予約権等の状況】
①【ストックオプション制度の内容】
②【その他の新株予約権等の状況】
(3)【行使価額修正条項付新株予約権付社債券等の行使状況等】
(4)【発行済株式総数、資本金等の推移】
(5)【大株主の状況】
(6)【議決権の状況】
①【発行済株式】
②【自己株式等】
2【役員の状況】
第４【経理の状況】
1【四半期連結財務諸表】

(1)【四半期連結貸借対照表】
(2)【四半期連結損益計算書及び四半期連結包括利益計算書】又は【四半期連結損益及び包括利益計算書】
(3)【四半期連結キャッシュ・フロー計算書】
2【その他】
第二部【提出会社の保証会社等の情報】
第1【保証会社情報】
1【保証の対象となっている社債】
2【継続開示会社たる保証会社に関する事項】
(1)【保証会社が提出した書類】
①【有価証券報告書及びその添付書類又は四半期報告書若しくは半期報告書】
②【臨時報告書】
③【訂正報告書】
(2)【上記書類を縦覧に供している場所】
3【継続開示会社に該当しない保証会社に関する事項】
第2【保証会社以外の会社の情報】
1【当該会社の情報の開示を必要とする理由】
2【継続開示会社たる当該会社に関する事項】
3【継続開示会社に該当しない当該会社に関する事項】
第3【指数等の情報】
1【当該指数等の情報の開示を必要とする理由】
2【当該指数等の推移】

資料6　半期報告書

第一部【企業情報】
第1【企業の概況】
1【主要な経営指標等の推移】
2【事業の内容】
3【関係会社の状況】
4【従業員の状況】
第2【事業の状況】
1【経営方針、経営環境及び対処すべき課題等】
2【事業等のリスク】
3【経営者による財政状態、経営成績及びキャッシュ・フローの状況の分析】

4【経営上の重要な契約等】
5【研究開発活動】
第3【設備の状況】
1【主要な設備の状況】
2【設備の新設、除却等の計画】
第4【提出会社の状況】
1【株式等の状況】
(1)【株式の総数等】
①【株式の総数】
②【発行済株式】
(2)【新株予約権等の状況】
①【ストックオプション制度の内容】
②【その他の新株予約権等の状況】
(3)【行使価額修正条項付新株予約権付社債券等の行使状況等】
(4)【発行済株式総数、資本金等の状況】
(5)【大株主の状況】
(6)【議決権の状況】
①【発行済株式】
②【自己株式等】
2【株価の推移】
【当該中間会計期間における月別最高・最低株価】
3【役員の状況】
第5【経理の状況】
1【中間連結財務諸表等】
(1)【中間連結財務諸表】
①【中間連結貸借対照表】
②【中間連結損益計算書及び中間連結包括利益計算書】又は【中間連結損益及び包括利益計算書】
③【中間連結株主資本等変動計算書】
④【中間連結キャッシュ・フロー計算書】
(2)【その他】
2【中間財務諸表等】
(1)【中間財務諸表】
①【中間貸借対照表】

②【中間損益計算書】
③【中間株主資本等変動計算書】
④【中間キャッシュ・フロー計算書】
(2)【その他】
第6【提出会社の参考情報】
第二部【提出会社の保証会社等の情報】
第1【保証会社情報】
1【保証の対象となっている社債】
2【継続開示会社たる保証会社に関する事項】
(1)【保証会社が提出した書類】
①【有価証券報告書及びその添付書類又は四半期報告書若しくは半期報告書】
②【臨時報告書】
③【訂正報告書】
(2)【上記書類を縦覧に供している場所】
3【継続開示会社に該当しない保証会社に関する事項】
第2【保証会社以外の会社の情報】
1【当該会社の情報の開示を必要とする理由】
2【継続開示会社たる当該会社に関する事項】
3【継続開示会社に該当しない当該会社に関する事項】
第3【指数等の情報】
1【当該指数等の情報の開示を必要とする理由】
2【当該指数等の推移】

資料7　臨時報告書

1【提出理由】
2【報告内容】

資料8　親会社等状況報告書（内国会社）

第1【提出会社の状況】
1【株式等の状況】
(1)【所有者別状況】
(2)【大株主の状況】
2【役員の状況】

第２【会社法の規定に基づく計算書類等】
１【貸借対照表】
２【損益計算書】
３【株主資本等変動計算書】
４【個別注記表】
５【事業報告】
６【附属明細書】

資料９　発行登録書（株券、社債券等）

第一部【証券情報】
第１【募集要項】
１【新規発行株式】
２【株式募集の方法及び条件】
(1)【募集の方法】
(2)【募集の条件】
３【株式の引受け】
４【新規発行新株予約権証券】
５【新規発行社債】
６【社債の引受け及び社債管理の委託】
７【新規発行による手取金の使途】
(1)【新規発行による手取金の額】
(2)【手取金の使途】
第２【売出要項】
１【売出有価証券】
(1)【売出株式】
(2)【売出新株予約権証券】
(3)【売出社債】
２【売出しの条件】
第３【その他の記載事項】
第二部【参照情報】
第１【参照書類】
１【有価証券報告書及びその添付書類】
２【四半期報告書又は半期報告書】
３【臨時報告書】

4【訂正報告書】
第2【参照書類の補完情報】
第3【参照書類を縦覧に供している場所】
第三部【保証会社等の情報】

資料10　発行登録追補書類（株券、社債券等）

第一部【証券情報】
第1【募集要項】
1【新規発行株式】
2【株式募集の方法及び条件】
(1)【募集の方法】
(2)【募集の条件】
(3)【申込取扱場所】
(4)【払込取扱場所】
3【株式の引受け】
4【新規発行新株予約権証券】
(1)【募集の条件】
(2)【新株予約権の内容等】
(3)【新株予約権証券の引受け】
5【新規発行社債（短期社債を除く。)】
6【社債の引受け及び社債管理の委託】
(1)【社債の引受け】
(2)【社債管理の委託】
7【新規発行による手取金の使途】
(1)【新規発行による手取金の額】
(2)【手取金の使途】
第2【売出要項】
1【売出有価証券】
(1)【売出株式】
(2)【売出新株予約権証券】
(3)【売出社債（短期社債を除く。)】
2【売出しの条件】
第3【第三者割当の場合の特記事項】
1【割当予定先の状況】

2【株券等の譲渡制限】
3【発行条件に関する事項】
4【大規模な第三者割当に関する事項】
5【第三者割当後の大株主の状況】
6【大規模な第三者割当の必要性】
7【株式併合等の予定の有無及び内容】
8【その他参考になる事項】
第4【その他の記載事項】
第二部【公開買付けに関する情報】
第1【公開買付けの概要】
1【公開買付けの目的等】
2【公開買付けの当事会社の概要】
3【公開買付けに係る契約】
4【公開買付けに係る割当ての内容及びその算定根拠】
5【対象者の発行有価証券と公開買付けに係る提出会社によって発行（交付）される有価証券との相違】
6【有価証券をもって対価とする公開買付けの場合の発行（交付）条件に関する事項】
7【公開買付けに関する手続】
第2【統合財務情報】
第3【発行者（その関連者）と対象者との重要な契約】
第三部【参照情報】
第1【参照書類】
1【有価証券報告書及びその添付書類】
2【四半期報告書又は半期報告書】
3【臨時報告書】
4【訂正報告書】
第2【参照書類の補完情報】
第3【参照書類を縦覧に供している場所】
第四部【保証会社等の情報】

資料11　自己株券買付状況報告書（法24条の6第1項に基づくもの）

1【取得状況】

(1)【株主総会決議による取得の状況】
(2)【取締役会決議による取得の状況】
2【処理状況】
3【保有状況】

資料12　内部統制報告書

1【財務報告に係る内部統制の基本的枠組みに関する事項】
2【評価の範囲、基準日及び評価手続に関する事項】
3【評価結果に関する事項】
4【付記事項】
5【特記事項】

資料13　公開買付届出書（発行者以外の者による株券等の公開買付）

第1【公開買付要項】
1【対象者名】
2【買付け等をする株券等の種類】
3【買付け等の目的】
4【買付け等の期間、買付け等の価格及び買付予定の株券等の数】
(1)【買付け等の期間】
①【届出当初の期間】
②【対象者の請求に基づく延長の可能性の有無】
③【期間延長の確認連絡先】
(2)【買付け等の価格】
(3)【買付予定の株券等の数】
5【買付け等を行った後における株券等所有割合】
6【株券等の取得に関する許可等】
(1)【株券等の種類】
(2)【根拠法令】
(3)【許可等の日付及び番号】
7【応募及び契約の解除の方法】
(1)【応募の方法】
(2)【契約の解除の方法】
(3)【株券等の返還方法】

(4)【株券等の保管及び返還を行う金融商品取引業者・銀行等の名称及び本店の所在地】

8【買付け等に要する資金】

(1)【買付け等に要する資金等】

(2)【買付け等に要する資金に充当しうる預金又は借入金等】

①【届出日の前々日又は前日現在の預金】

②【届出日前の借入金】

イ【金融機関】

ロ【金融機関以外】

③【届出日以後に借入れを予定している資金】

イ【金融機関】

ロ【金融機関以外】

④【その他資金調達方法】

⑤【買付け等に要する資金に充当しうる預金又は借入金等の合計】

(3)【買付け等の対価とする有価証券の発行者と公開買付者との関係等】

9【買付け等の対価とする有価証券の発行者の状況】

(1)【名称】

(2)【本店の所在地】

(3)【代表者の役職氏名】

(4)【資本金の額】

(5)【会社の目的及び事業の内容】

(6)【最近3年間の1株当たり配当額等の状況】

(7)【最近の株価及び株式売買高の状況】

10【決済の方法】

(1)【買付け等の決済をする金融商品取引業者・銀行等の名称及び本店の所在地】

(2)【決済の開始日】

(3)【決済の方法】

(4)【株券等の返還方法】

11【その他買付け等の条件及び方法】

(1)【法第27条の13第4項各号に掲げる条件の有無及び内容】

(2)【公開買付けの撤回等の条件の有無、その内容及び撤回等の開示の方法】

(3)【買付け等の価格の引下げの条件の有無、その内容及び引下げの開示の方法】

(4)【応募株主等の契約の解除権についての事項】
(5)【買付条件等の変更をした場合の開示の方法】
(6)【訂正届出書を提出した場合の開示の方法】
(7)【公開買付けの結果の開示の方法】
第２【公開買付者の状況】
１【会社の場合】
(1)【会社の概要】
①【会社の沿革】
②【会社の目的及び事業の内容】
③【資本金の額及び発行済株式の総数】
④【大株主】
⑤【役員の職歴及び所有株式の数】
(2)【経理の状況】
①【貸借対照表】
②【損益計算書】
③【株主資本等変動計算書】
(3)【継続開示会社たる公開買付者に関する事項】
①【公開買付者が提出した書類】
イ【有価証券報告書及びその添付書類】
ロ【四半期報告書又は半期報告書】
ハ【訂正報告書】
②【上記書類を縦覧に供している場所】
２【会社以外の団体の場合】
(1)【団体の沿革】
(2)【団体の目的及び事業の内容】
(3)【団体の出資若しくは寄付又はこれらに類するものの額】
(4)【役員の役名、職名、氏名（生年月日）及び職歴】
３【個人の場合】
(1)【生年月日】
(2)【本籍地】
(3)【職歴】
(4)【破産手続開始の決定の有無】
第３【公開買付者及びその特別関係者による株券等の所有状況及び取引状況】
１【株券等の所有状況】

(1)【公開買付者及び特別関係者による株券等の所有状況の合計】
(2)【公開買付者による株券等の所有状況】
(3)【特別関係者による株券等の所有状況（特別関係者合計）】
(4)【特別関係者による株券等の所有状況（特別関係者ごとの内訳）】
①【特別関係者】
②【所有株券等の数】
2【株券等の取引状況】
(1)【届出日前60日間の取引状況】
3【当該株券等に関して締結されている重要な契約】
4【届出書の提出日以後に株券等の買付け等を行う旨の契約】
第4【公開買付者と対象者との取引等】
1【公開買付者と対象者又はその役員との間の取引の有無及び内容】
2【公開買付者と対象者又はその役員との間の合意の有無及び内容】
第5【対象者の状況】
1【最近3年間の損益状況等】
(1)【損益の状況】
(2)【1株当たりの状況】
2【株価の状況】
3【株主の状況】
(1)【所有者別の状況】
(2)【大株主及び役員の所有株式の数】
①【大株主】
②【役員】
4【継続開示会社たる対象者に関する事項】
(1)【対象者が提出した書類】
①【有価証券報告書及びその添付書類】
②【四半期報告書又は半期報告書】
③【臨時報告書】
④【訂正報告書】
(2)【上記書類を縦覧に供している場所】
5【伝達を受けた公開買付け等の実施に関する事実の内容等】
6【その他】

資料 14　大量保有報告書

第１【発行者に関する事項】

発行者の名称	
証券コード	
上場・店頭の別	
上場金融商品取引所	

第２【提出者に関する事項】

１【提出者（大量保有者）／１】

(1)【提出者の概要】

①【提出者（大量保有者）】

個人・法人の別	
氏名又は名称	
住所又は本店所在地	
旧氏名又は名称	
旧住所又は本店所在地	

②【個人の場合】

生年月日	
職業	
勤務先名称	
勤務先住所	

③【法人の場合】

設立年月日	
代表者氏名	
代表者役職	
事業内容	

④【事務上の連絡先】

事務上の連絡先及び担当者名	
電話番号	

(2)【保有目的】

(3)【重要提案行為等】

(4)【上記提出者の保有株券等の内訳】

①【保有株券等の数】

	法第27条の23第3項本文	法第27条の23第3項第1号	法第27条の23第3項第2号
株券又は投資証券等（株・口）			
新株予約権証券（株）	A	−	H
新株予約権付社債券（株）	B	−	I
対象有価証券カバードワラント	C		J
株券預託証券			
株券関連預託証券	D		K
株券信託受益証券			
株券関連信託受益証券	E		L
対象有価証券償還社債	F		M
他社株等転換株券	G		N
合計（株・口）	O	P	Q
信用取引により譲渡したことにより控除する株券等の数	R		
共同保有者間で引渡請求権等の権利が存在するものとして控除する株券等の数	S		
保有株券等の数（総数） (O+P+Q-R-S)	T		
保有潜在株券等の数 (A+B+C+D+E+F+G+H+I+J+K+L+M+N)	U		

②【株券等保有割合】

発行済株式等総数（株・口） （現在）	V
上記提出者の株券等保有割合（%） (T/（U+V）×100)	
直前の報告書に記載された 株券等保有割合（%）	

(5)【当該株券等の発行者の発行する株券等に関する最近60日間の取得又は処分の状況】

年月日	株券等の種類	数量	割合	市場内外取引の別	取得又は処分の別	単価

(6)【当該株券等に関する担保契約等重要な契約】

(7)【保有株券等の取得資金】

①【取得資金の内訳】

自己資金額（W）（千円）	
借入金額計（X）（千円）	
その他金額計（Y）（千円）	
上記（Y）の内訳	
取得資金合計（千円）（W+X+Y）	

②【借入金の内訳】

名称（支店名）	業種	代表者氏名	所在地	借入目的	金額（千円）

③【借入先の名称等】

名称（支店名）	代表者氏名	所在地

第３【共同保有者に関する事項】

１【共同保有者／１】

(1)【共同保有者の概要】

①【共同保有者】

個人・法人の別	
氏名又は名称	
住所又は本店所在地	
旧氏名又は名称	
旧住所又は本店所在地	

②【個人の場合】

生年月日	
職業	
勤務先名称	
勤務先住所	

③【法人の場合】

設立年月日	
代表者氏名	
代表者役職	
事業内容	

④【事務上の連絡先】

事務上の連絡先及び担当者名	
電話番号	

(2)【上記共同保有者の保有株券等の内訳】

①【保有株券等の数】

	法第27条の23第３項本文	法第27条の23第３項第１号	法第27条の23第３項第２号
株券又は投資証券等（株・口）			
新株予約権証券（株）	A	−	H
新株予約権付社債券（株）	B	−	I
対象有価証券カバードワラント	C		J
株券預託証券			
株券関連預託証券	D		K
株券信託受益証券			
株券関連信託受益証券	E		L

対象有価証券償還社債	F		M
他社株等転換株券	G		N
合計（株・口）	O	P	Q
信用取引により譲渡したことにより控除する株券等の数	R		
共同保有者間で引渡請求権等の権利が存在するものとして控除する株券等の数	S		
保有株券等の数（総数） （O+P+Q-R-S）	T		
保有潜在株券等の数 （A+B+C+D+E+F+G+H+I+J+K+L+M+N）	U		

②【株券等保有割合】

発行済株式等総数（株・口） （平成　年　月　日現在）	V
上記提出者の株券等保有割合（%） （T/（U+V）× 100）	
直前の報告書に記載された株券等保有割合（%）	

第４【提出者及び共同保有者に関する総括表】

１【提出者及び共同保有者】

２【上記提出者及び共同保有者の保有株券等の内訳】

(1)【保有株券等の数】

	法第27条の23第３項本文	法第27条の23第３項第１号	法第27条の23第３項第２号
株券又は投資証券等（株・口）			
新株予約権証券（株）	A	－	H
新株予約権付社債券（株）	B	－	I
対象有価証券カバードワラント	C		J
株券預託証券			
株券関連預託証券	D		K
株券信託受益証券			
株券関連信託受益証券	E		L
対象有価証券償還社債	F		M
他社株等転換株券	G		N
合計（株・口）	O	P	Q

信用取引により譲渡したことにより 控除する株券等の数	R
共同保有者間で引渡請求権等の権利が 存在するものとして控除する株券等の数	S
保有株券等の数（総数） （O+P+Q-R-S）	T
保有潜在株券等の数 （A+B+C+D+E+F+G+H+I+J+K+L+M+N）	U

⑵【株券等保有割合】

発行済株式等総数（株・口） （平成　年　月　日現在）	V
上記提出者の株券等保有割合（%） （T/（U+V）×100）	
直前の報告書に記載された 株券等保有割合（%）	

⑶【共同保有における株券等保有割合の内訳】

提出者及び共同保有者名	保有株券等の数（総数） （株・口）	株券等保有割合（%）
合計		

資料 15　目論見書

●証券情報

①有価証券の情報

（募集する株式・発行数などの記載）

②募集の要項

（募集の方法、申込期間などの記載）

③募集についての特に記載すべき情報

（上場などについての情報などの記載）

●企業情報

①企業の概況

（決算年月、売上高、経常利益などの記載）

②事業の概況

（業績の概要、対処すべき課題などの記載）

③設備の状況

（設備投資の金額、設備投資をした事業所などを記載）

④提出会社の状況

（発行済株式、新株予約権などの記載）

⑤経理の状況

（財務諸表の作成状況、監査証明などの記載）

⑥提出会社の株式事務の状況

（１単元の株式数、基準日、名義書き換えの状況などについての記載）

⑦提出会社の参考情報

（書類の訂正についての情報など）

●その他の情報

（株式公開情報、保証会社等の情報などの記載）

【監修者紹介】

森　公任（もり　こうにん）

昭和 26 年新潟県出身。中央大学法学部卒業。1980 年弁護士登録（東京弁護士会）。1982 年森法律事務所設立。おもな著作（監修書）に、『公正証書のしくみと実践書式集』『入門図解 親子の法律問題【離婚・親子関係・いじめ・事故・虐待】解決の知識』『三訂版　仮差押・仮処分の法律と手続き』『図解で早わかり 裁判・訴訟の基本と手続き』『特定商取引法・景品表示法・個人情報保護法の法律入門』『ネットビジネス運営のための法律と手続き』『図解で早わかり 民事訴訟・執行・保全の法律知識』など（小社刊）がある。

森元　みのり（もりもと　みのり）

弁護士。2003 年東京大学法学部卒業。2006 年弁護士登録（東京弁護士会）。同年森法律事務所 入所。おもな著作（監修書）に、『公正証書のしくみと実践書式集』『入門図解 親子の法律問題【離婚・親子関係・いじめ・事故・虐待】解決の知識』『三訂版　仮差押・仮処分の法律と手続き』『図解で早わかり 裁判・訴訟の基本と手続き』『特定商取引法・景品表示法・個人情報保護法の法律入門』『ネットビジネス運営のための法律と手続き』『図解で早わかり 民事訴訟・執行・保全の法律知識』など（小社刊）がある。

森法律事務所
家事事件、不動産事件等が中心業務。
〒 104-0033　東京都中央区新川２－15－３　森第二ビル
電話 03-3553-5916　　http：//www.mori-law-office.com

事業者必携
入門図解　最新
知っておきたい金融商品取引法の法律知識

2024年７月20日　第１刷発行

監修者　森公任《もりこうにん》　森元《もりもと》みのり
発行者　前田俊秀
発行所　株式会社三修社
〒150-0001　東京都渋谷区神宮前2-2-22
TEL　03-3405-4511　FAX　03-3405-4522
振替　00190-9-72758
https://www.sanshusha.co.jp
印刷所　萩原印刷株式会社
製本所　牧製本印刷株式会社
©2024 K. Mori & M. Morimoto Printed in Japan
ISBN978-4-384-04943-5 C2032

JCOPY〈出版者著作権管理機構 委託出版物〉
本書の無断複製は著作権法上での例外を除き禁じられています。複製される場合は、そのつど事前に、出版者著作権管理機構（電話 03-5244-5088　FAX 03-5244-5089 e-mail: info@jcopy.or.jp）の許諾を得てください。